AF542992

ÉLOGE DE LA FOLIE

ÉRASME

Traduction par
GUSTAVE LEJEAL

TABLE DES MATIÈRES

NOTICE SUR ÉRASME PAR LE TRADUCTEUR

Raconter la vie d'Érasme, c'est raconter les commencements de la Réforme et du grand mouvement littéraire et religieux du seizième siècle, auxquels il a été si intimement mêlé. Nous n'avons pas la prétention, on le comprendra facilement, de résumer en quelques lignes une époque si curieuse et si remplie, et qui mérite un travail étendu que nous présenterons peut-être quelque jour au public. C'est donc une simple notice que nous donnons aujourd'hui.

Il semble qu'Érasme songeait à lui-même, lorsqu'il a fait dire à sa Folie : « Je ne suis pas le fruit d'un ennuyeux devoir matrimonial, je suis née des baisers de l'amour. » En effet, son père Gérard, d'une riche famille bourgeoise de Terghout en Brabant, avait déjà un enfant de Marguerite, fille d'un médecin de Sevemberg, lorsqu'il fut obligé de fuir à Rome. Ses parents, qui le destinaient à l'état ecclésiastique, ne lui épargnaient aucune vexation pour lui faire rompre cette liaison et les projets de mariage qui en étaient la suite. Trompé par la fausse nouvelle de la mort de sa maîtresse, qu'il avait laissée sur le point d'être mère une seconde fois, Gérard se fit ordonner prêtre. Pendant ce temps, Marguerite accouchait d'un fils à Rotterdam, le 28 octobre 1467.

L'enfant reçut le nom de son père ; mais plus tard, suivant l'usage des savants de son temps, il associa au latin Desiderius le grec Érasme pour s'en former un nom littéraire qu'il devait faire briller d'un si vif éclat. À son retour, Gérard, au désespoir de s'être laissé prendre au piège grossier qu'on lui avait tendu, vécut près de Marguerite qui désormais ne pouvait plus être sa femme, et se consola en consacrant tous ses soins à l'éducation de ses enfants.

Érasme avait treize ans lorsque sa mère fut enlevée par la peste ; son père ne tarda pas à la suivre (1480). Déjà l'orphelin avait commencé ses études à l'école de Deventher d'une manière qui pouvait faire présager ses succès futurs, lorsque, malgré ses répugnances natives, il fut forcé par les malversations de son tuteur d'embrasser l'état monastique. Il entra donc comme novice dans le couvent des chanoines réguliers de Stein, au diocèse d'Utrecht. L'indépendance de son caractère et la complexion de son esprit où la raison dominait l'imagination, ne purent se plier aux pratiques du cloître. « Le lieu, le régime, le costume, les cérémonies, tout cela n'est pas de la religion, écrivait-il un peu plus tard ; combien est plus belle à mes yeux cette pensée chrétienne que l'univers n'est qu'un vaste monastère et que tous les hommes en sont frères. » Aussi Érasme s'empressa-t-il de fuir le couvent à la première occasion. Il s'attacha d'abord, en qualité de secrétaire, à Henri de Berghes, évêque de Cambrai. Mais ne trouvant pas dans ce prélat le Mécène qu'il espérait, il fit en sorte d'obtenir une bourse au collège de Montaigu, à Paris. Là, l'insalubrité du logement et de la nourriture altéra bien vite sa santé naturellement précaire, et il dut aller la retremper quelque temps au pays natal.

Érasme revint ensuite à Paris ; mais cette fois, libéré des murs du cloître, il s'occupa « plutôt de vivre que d'étudier, » selon son propre aveu. Ce qui, sans doute, éveilla en lui ces talents d'observateur et de moraliste qui l'ont fait vivre et grandir, à mesure que disparaissaient dans l'oubli la plupart des écrivains scolastiques, ses contemporains. Obligé alors pour subvenir à ses besoins de donner des leçons, il se répandit dans le monde ; c'est ainsi qu'il fit la connaissance de la marquise de Were et de mylord Montjoie, sous les auspices desquels il fit son premier voyage en Angleterre (1497).

Il ne nous est pas permis de suivre Érasme dans toutes ses courses sur le continent. En 1506 il était à Bologne, où il prit le bonnet de docteur en théologie. L'année suivante le trouve à Venise, correcteur dans l'imprimerie d'Alde Manuce, qui éditait plusieurs des nombreux ouvrages que, malgré sa vie errante, notre auteur ne cessait de produire. Érasme passa ensuite à Rome. Les offres les plus brillantes ne purent le retenir à la cour papale, où son esprit trop rationaliste le mettait mal à l'aise ; il retourna donc en Angleterre, où il comptait pour amis les hommes les plus distingués du royaume : Thomas Morus, Guillaume Warrham, Fischer, Thomas Cramer, Colet et autres, et Henri VIII lui-même. Mais il eut lieu de s'en repentir, car il ne trouva pas dans ce pays ce que des promesses exagérées lui avaient fait espérer.

Ce fut dans les premiers temps de son séjour en Angleterre qu'il mit la dernière main à une satire qu'il avait méditée pendant son voyage : l'Éloge de la Folie ; composition de l'école de Lucien, où il passe en revue toute la société de son temps, et en détaille les vices et les ridicules avec un bon sens exquis. Tant de hardiesse excite la bile des gens d'Église, des moines surtout, qu'il avait cloués vifs au pilori. Son livre fut condamné par la Sorbonne ; mais Rome ne le mit à l'index que beaucoup plus tard et avec quelque peine. Léon X, en le lisant dès son apparition, s'était contenté de dire en riant : « Notre Érasme aussi a son grain de folie. »

De Londres, Érasme revint à Paris en 1510, et retourna ensuite à Oxford enseigner le grec. De là il passa à Bruxelles où, par l'appui du chancelier Sauvage, il fut nommé conseiller du roi Ferdinand. Son amour d'indépendance fut même le seul obstacle à ce qu'il devînt le précepteur du prince Charles, plus tard Charles V. On peut le regretter ; il eût été curieux de voir ce qu'un tel maître eût fait d'un tel élève. François Ier voulut aussi attirer Érasme au collége de France ; mais celui-ci refusa pour aller se fixer à Bâle près de son ami l'imprimeur Froben.

Dès le début de la Réforme, Érasme s'en était montré partisan, à ce point que ceux qu'il avait si bien démasqués en vinrent à dire : « qu'il avait pondu l'œuf dont Luther et les autres schismatiques étaient sortis. » Imbu des philosophies de l'antiquité, il avait d'abord espéré que, du mouvement provoqué par Luther, les droits de la raison se dégageraient plus nettement. Des rapports s'établirent donc entre eux. Mais, lorsque Luther eut posé sa doctrine ; lorsqu'on put voir qu'à l'orthodoxie romaine il se bornait à opposer une autre orthodoxie dont il se faisait le gardien exclusif, Érasme qui, à l'orthodoxie quelle qu'elle fût, ne voulait opposer que la raison, se sépara tout à coup du réformateur. Il conservait au dogme ancien sa préférence, parce qu'il prévoyait que tôt ou tard cette ancienneté même amènerait par la force seule des choses l'avénement d'une ère philosophique. Le dogme nouveau l'effrayait au contraire, parce qu'en même temps que sa nouveauté reportait avec plus de vigueur les esprits dans la voie théologique, il venait ranimer, par son opposition et ses critiques, les défaillances du dogme qu'il combattait.

Ces préoccupations ressortent de chaque page d'Érasme pour le lecteur impartial, bien qu'il faille toujours creuser pour les découvrir. Érasme, en effet, a conservé toute sa vie de son éducation monacale un fonds de prudence extrême, qui a rendu flottante l'exposition de ses doctrines, et les a même parfois enveloppées d'une obscurité qu'une étude très-attentive vient seule à bout de percer. Sa conduite fut une oscillation perpétuelle entre les deux partis qui, à son époque, se disputaient les consciences. Par exemple, s'il déclinait les invitations que la papauté lui faisait de s'établir à Rome, pour rehausser de son talent le prestige affaibli du Saint-Siége, il n'en était pas moins lié d'amitié avec les principaux novateurs. Mais lorsqu'il put craindre que cet état de choses ne le compromît, il quitta Bâle et alla s'établir à Fribourg. Il vécut dans cette ville de 1529 à 1535 ; ces six années ne furent pas les moins fécondes de sa vie. Il revint cependant mourir à Bâle, sa patrie d'adoption, le 12 juillet 1536, beaucoup plus en philosophe qu'en théologien catholique.

L'œuvre d'Érasme est gigantesque et ne compte pas moins de douze in-folio. Mais il faut y distinguer deux parties ; l'une composée d'écrits théologiques et de gloses sur les Écritures saintes, représente cette portion de leur vie que les plus grands écrivains sont obligés de sacrifier aux préoccupations du temps où ils ont vécu ; l'autre, où se groupent des Traitésde morale, les Colloques, les Exhortations, la Correspondance et l'Éloge de la Folie, représente la partie élevée et humanitaire du génie d'Erasme, et le montre animé de ce souffle de vérité générale et éternelle qui fait reconnaître à la postérité qu'un auteur a travaillé pour elle.

L'Éloge de la Folie est aujourd'hui le plus lu et le plus goûté des ouvrages d'Érasme. Un grand nombre de traductions en ont été faites, depuis celle de Gueudeville (1715), jusqu'à celle de M. Nisard (1842), et cependant l'ouvrage manque encore aujourd'hui dans la librairie. Ce succès est justifié ; il y a dans l'Éloge, comme en germe, cette épopée du bon sens, le Pantagruel que maître Rabelais devait écrire une cinquantaine d'années plus tard.

G. Lejeal

ÉRASME À SON AMI THOMAS MORUS

Pendant mon voyage d'Italie en Angleterre, pour ne pas perdre en conversations, où les lettres et les muses n'eussent point part, tout le temps qu'il me fallait passer à cheval, je me suis souvent pris à penser à ces études que j'avais partagées avec vous, et avec mes autres amis, qui m'apparaissaient avec leur auréole de science et surtout de bonté.

Dans ces rêveries, mon cher Morus, vous aviez la première place, et j'y retrouvais en votre absence le charme affaibli, mais vif encore, des heures que nous avons passées ensemble et que je regarde comme les plus douces de toute ma vie. Malgré la douceur de ces loisirs, je me résolus à me donner une occupation ; mais, comme les circonstances n'en comportaient pas de bien sérieuse, je me laissai aller à la fantaisie d'écrire le panégyrique de la Folie. — Quelle Minerve a pu vous inspirer pareille idée, allez-vous me dire ? — D'abord votre nom, mon cher Morus, y fut bien pour quelque chose. Il se rapproche en effet autant de celui de la Folie « Μωρία, » que vous-même vous éloignez de la chose, comme tout notre siècle en rend témoignage. Ensuite je me suis flatté que ce badinage serait de votre goût ; car s'il m'en souvient bien, vous aimez la plaisanterie quand elle est bonne et littéraire, et vous considérez les choses humaines avec les yeux de Démocrite. Bien au-dessus du vulgaire par l'élévation de votre intelligence, vous avez encore l'art, grâce à la singulière aménité de votre caractère, de vous mettre sans qu'il vous en coûte à la portée de tout le monde ; d'être en un mot, comme le dit le proverbe latin, l'homme de toutes les heures.

Je compte donc que non-seulement vous agréerez cette bluette en souvenir de votre ami, mais encore que vous la prendrez sous votre protection : elle vous est dédiée, elle n'est plus à moi. Contre elle, je le prévois, la critique ira jusqu'à la calomnie. On criera que de pareilles plaisanteries sont indignes de ma gravité théologique, et que la charité chrétienne ne doit pas mordre ainsi. On ne manquera pas de dire que je me suis essayé à faire revivre la manière de Lucien et les licences de la comédie antique ; bref, que je prends plaisir à déchirer tout le monde à belles dents. Je prie cependant ceux que la légèreté de mon œuvre pourrait offenser de se rappeler que je ne fais que suivre l'exemple de beaucoup d'auteurs anciens qui ont donné les modèles du genre. Combien y a-t-il de siècles qu'Homère a chanté le combat des rats et des grenouilles ; Virgile, le moucheron et je ne sais quel mets bizarre de la cuisine romaine ; et Ovide, l'excellence du noyer ? Polycrate a fait l'éloge de Busiris, et Isocrate l'a réfuté. Glaucus a célébré l'injustice ; Favonius, Thersite et la fièvre quarte ; Synésius, la calvitie ; Lucien, la mouche et le parasite. Sénèque était-il bien sérieux lorsqu'il raillait l'apothéose de Claude, ou Plutarque lorsqu'il faisait dialoguer avec Ulysse son compagnon Grillus, changé en pourceau ? Lucien et Apulée, on ne peut le nier, doivent bonne partie de leur renom à leur Âne d'or, et saint Gérôme ne se fait faute de citer le testament d'un cochon de lait écrit par je ne sais qui.

Que si mes critiques ne se contentaient pas de ces raisons, rien ne les empêche de s'imaginer que pour m'amuser je joue aux échecs ou que je chevauche un bâton. Il serait par trop injuste d'interdire aux gens de lettres des distractions permises dans toutes les autres conditions de la société, surtout lorsqu'au fond de leurs badinages se trouvent cachées, sous une forme agréable et adroite, des choses qui éveillent chez le lecteur un peu fin, certaines idées qu'il n'eût jamais tirées de pompeuses gravités que nous pourrions citer ! Vous les connaissez comme moi, mon cher Morus, ces auteurs, dont l'un raccorde à grand'peine des fragments empruntés sur la philosophie et l'éloquence ; l'autre lime le panégyrique d'un prince quelconque, pendant que le troisième prêche la guerre contre les Turcs, prédit l'avenir, ou soulève de graves questions sur la pointe d'une aiguille. Comme il n'y a rien de plus puéril que de traiter puérilement les choses graves, il n'y a rien de plus ridicule que de traiter sérieusement des plaisanteries. Il n'appartient qu'au public de juger mon ouvrage ; cependant, si l'amour-propre ne m'aveugle, je n'étais pas tout à fait fou en faisant l'Éloge de la Folie.

Pour répondre au reproche de satire, je dirai que, de tout temps, il a été permis de plaisanter sur les travers de ce monde, pourvu qu'on n'allât pas jusqu'à la licence. J'admire vraiment la délicatesse des oreilles de notre siècle ; on dirait qu'elles ne peuvent supporter que les titres flatteurs. Il en est, je le sais, qui entendent si bien la religion au rebours, qu'ils se montrent moins choqués des plus horribles blasphèmes contre le Christ que de la moindre plaisanterie sur un pape ou un prince ; surtout lorsque leur intérêt est en jeu. Mais celui qui fronde le genre humain en général, tout en respectant les personnes, mord-il à plaisir ou ne donne-t-il pas plutôt aux mœurs une utile leçon ? D'ailleurs combien de fois ne me suis-je pas dit mon fait à moi-même ? Il y a plus, lorsque le satirique n'omet aucune classe de la société, on ne peut mettre en avant qu'il satisfait sa vengeance contre tel ou tel individu, puisqu'il s'en prend à tous les vices. Si donc quelqu'un se trouve blessé et se récrie, c'est qu'il se jugera coupable ou aura à craindre d'être reconnu pour tel. Saint Jérôme lui-même a pris bien d'autres libertés ; il ne s'est même pas privé de citer des noms. Pour moi, non-seulement je ne l'ai pas imité sur ce point ; mais j'ai mis tant de modération dans l'expression, que j'ai cherché plutôt à faire rire qu'à mordre. À l'exemple de Juvénal, je ne suis pas descendu dans la sentine des vices pour la remuer, j'ai plutôt passé gaiement en revue les ridicules que les turpitudes. Si malgré ce, je ne puis trouver grâce auprès de certaines gens, je les prie de considérer qu'il est beau d'être censuré par la Folie, et que, la faisant parler, force m'était bien d'en prendre le personnage. Mais, en vérité, c'est trop insister auprès d'un avocat qui défendrait admirablement ma cause, fût-elle même mauvaise. Adieu, mon savant ami, protégez de votre mieux votre fille adoptive.

De la campagne, ce cinquième jour des ides de juin 1508

L'ÉLOGE DE LA FOLIE

C'EST LA FOLIE QUI PARLE.

Moi qui vous parle, la Folie, j'ai plus d'un détracteur ici-bas, même parmi les plus fous. Mais on peut les laisser dire sans danger, car ils ne pourront jamais faire que je ne jouisse d'une puissance à nulle autre pareille pour mettre en gaieté les dieux et les hommes. En voulez-vous une preuve ? — Tout à l'heure j'entre dans cette nombreuse assemblée pour y prendre la parole ; je n'avais pas encore ouvert la bouche que déjà vos visages marquaient une hilarité peu commune, et que des rires joyeux et sympathiques saluaient mon apparition ! Maintenant, j'ai autour de moi des dieux d'Homère, ivres de nectar et de népenthès ; auparavant vous aviez l'air de gens qui sortaient de l'antre de Trophonius. Lorsque le soleil se montre radieux à la terre, ou lorsque le printemps, après un rigoureux hiver, ramène les zéphyrs, tout change d'aspect, et la nature rajeunie revêt les plus riches couleurs ; à l'instant, ma présence vient d'opérer la même métamorphose sur vos physionomies. Les plus habiles orateurs n'arrivent qu'à grand'peine, avec de longs discours longuement étudiés, à chasser les soucis du front de leurs auditeurs ; moi, je n'ai eu qu'à me montrer, et la chose était faite !

Or, voulez-vous savoir pourquoi je parais aujourd'hui devant vous avec tant de solennité ? — Je vais vous le dire, s'il ne vous en coûte pas trop de me prêter vos oreilles, non pas la paire dont vous vous servez pour écouter les prédicateurs sacrés ; mais la bonne, celle-là que vous dressez en l'honneur des charlatans, des farceurs et des bouffons ; la même qu'autrefois notre bien-aimé Midas ouvrait aux accords du dieu Pan.

Il m'a pris fantaisie de faire aujourd'hui la sophiste, non pas à l'instar de ces pédants qui, à notre époque, bourrent de balivernes la tête des malheureux enfants, et les rendent plus opiniâtres que des femmes dans la discussion. Non, je veux imiter ces anciens qui, pour éviter le discrédit qui s'attachait de leur temps au nom de sage, prirent celui de sophiste. Leur principale affaire était de célébrer dans des éloges les dieux et les grands hommes. C'est aussi un éloge que je vais vous donner, mais ce ne sera ni celui d'Hercule, ni celui de Solon ; ce sera le mien propre, l'éloge de la Folie.

Et d'abord, je dois vous dire que je me moque de ces prétendus sages qui tiennent pour fat et impertinent quiconque s'octroie à soi-même des louanges ; qu'ils le traitent de fou, à la bonne heure ; c'est lui rendre justice et avouer qu'il est conséquent avec lui-même. En effet, rien n'est plus logique que de voir la Folie trompetter ses propres louanges. Personne d'ailleurs pourrait-il prétendre me peindre mieux que moi-même, sans prétendre aussi me connaître mieux que moi ? — En agissant ainsi, je me crois tout aussi modeste que la plupart de vos grands et de vos sages. Que font ces messieurs ? — Retenus par une fausse vergogne, ils se contentent de suborner quelque rhétoricien flagorneur ou quelque poëte songe-creux, qui leur débite, à beaux deniers comptants, leur panégyrique, autrement dit de gros mensonges. Ce qui n'empêche pas le discret héros de la fête de faire la roue et de dresser la crête comme un paon, tandis que son prôneur impudent compare aux dieux un faquin, le donne comme type de toutes les vertus, bien qu'il s'en éloigne plus que personne ; et le pare, lui triste geai, avec des plumes étrangères ; pour tout dire, pendant que le prôneur essaye de blanchir un nègre, et de faire prendre une mouche pour un éléphant. Pour moi, je mets en pratique le proverbe populaire qui conseille de se louer soi-même si on ne rencontre personne d'autre pour le faire.

Mais en vérité, je ne sais qui doit le plus étonner de l'ingratitude ou de la négligence des hommes à mon égard. Tous sont mes fervents sectateurs, tous usent sans scrupule de mes bienfaits, et depuis le commencement des temps, aucun n'a pris soin encore de célébrer mes louanges dans quelque discours bien tourné ; tandis que les Busiris, les Phalaris, la fièvre quarte, les mouches, la calvitie et autres horreurs du même genre ont trouvé des panégyristes, qui n'ont épargné ni leur huile ni leurs veilles pour les exalter dans de pompeux éloges.

Le discours que vous allez entendre est une improvisation qui, pour n'être pas étudiée, n'en contiendra que moins de mensonges. Je ne vous dis pas cela, croyez-m'en sur parole, pour me faire valoir, comme il n'arrive que trop souvent aux orateurs vulgaires. Ces gens-là, vous le savez, après avoir élaboré trente ans un discours, dont ils ont pillé la moitié, vous le donnent ensuite comme un ouvrage qu'ils ont écrit en trois jours tout en s'amusant, ou même qu'ils ont dicté au pied levé. Quant à moi, personne n'en doute plus, de tout temps j'ai dit sans préparation ce qui me venait sur le bout de la langue.

N'attendez ici ni définition ni division, à la manière des rhéteurs mes confrères. Ce serait, selon moi, une malheureuse entrée en matière. En effet, mon sujet c'est moi-même ; me définir, ce serait renfermer dans des limites ma puissance qui n'en a pas ; me diviser, ce serait porter atteinte à l'unité du culte que tout le monde me rend si également. Et en somme, pourquoi irais-je vous donner dans une définition, une ombre, une copie incomplète d'une chose dont vous avez l'original sous les yeux ?

Je suis, que cela vous suffise, cette vraie dispensatrice de tous biens, la Folie, que les Latins appellent Stultitia et les Grecs Μωρία. J'aurais pu me dispenser de vous le dire, car si j'en crois le public, je porte ma personnalité écrite en toutes lettres sur mon front. Si quelqu'un s'avisait de me prendre pour Minerve ou la Sagesse, mon seul aspect le détromperait bien vite, sans même qu'il me fût nécessaire de faire usage de la parole, ce miroir si menteur des mouvements de l'âme. Pas de fard sur ma figure, elle ne dit rien qui ne soit dans mon cœur. Partout et toujours on me trouve identique à moi-même ; personne ne parvient à me dissimuler, pas même ceux qui mettent toute leur ambition à passer pour des sages. Ils ont beau faire, ils ne seront jamais que des singes sous la pourpre et des ânes sous la peau du lion. Quelque soin qu'ils apportent à leurs rôles, un bout d'oreille décèle à la fin la tête de Midas. Par Hercule ! cette espèce d'hommes est bien ingrate à mon endroit. C'est chez eux que je trouve mes sectateurs les plus fidèles, et cependant ils rougissent à ce point d'en avouer le nom, qu'ils le jettent aux autres comme une injure. Ces maîtres-fous, qui veulent passer pour autant de Thalès, ne méritent-ils pas vraiment qu'on les nomme morosophes, c'est-à-dire sagement fous ? Je parle grec, comme vous voyez, c'est que je veux imiter nos rhéteurs qui se croient des dieux pour peu qu'ils montrent deux langues comme la sangsue selon Pline, et se targuent, comme d'un exploit mémorable, d'avoir introduit dans leurs factums une mosaïque de centons grecs et latins ; sans s'inquiéter d'ailleurs de l'à-propos de la chose. Ignorent-ils les langues étrangères ? Nos hommes ne sont pas embarrassés pour si peu ; ils se bornent alors à tirer de quelque bouquin moisi quatre ou cinq vieux mots avec lesquels ils éblouissent leurs auditeurs. — Ceux qui les comprennent se félicitent d'être assez érudits pour cela ; ceux qui ne les comprennent pas, les admirent d'autant plus qu'ils sont plus ignorants. Car, il faut que vous le sachiez, mes fidèles acceptent d'autant plus volontiers une chose, qu'elle vient de plus loin, et ce n'est pas un de leurs minces plaisirs. Que si, parmi eux, quelque vaniteux veut absolument se poser en savant ; un sourire, un applaudissement, un mouvement d'oreille à la manière des ânes, suffit amplement pour faire croire aux autres qu'il est à la hauteur de la chose, bien qu'au fond il n'en soit rien.

Mais revenons à nos moutons. En quels termes vais-je vous interpeller ? - Vous dirai-je citoyens ? — Mais encore faut-il une épithète ! Pourquoi pas maîtres-fous ? Je m'en tiens là ; la Folie ne peut saluer ses adhérents d'un titre plus honorable. Donc, maîtres-fous, comme il en est parmi vous qui ignorent ma généalogie, je vais vous l'exposer avec l'assistance des Muses.

Ma naissance, je ne la dois ni au Chaos, ni à Saturne, ni à Jupiter, ni à quelque autre de ces dieux pourris de vétusté. Plutus m'a engendré ; — Plutus, le père des dieux et des hommes, quoi qu'en puissent dire Homère, Hésiode et le grand Jupin lui-même ; — Plutus, qui, aujourd'hui comme autrefois, d'un seul mouvement de tête, met sens dessus dessous les choses sacrées et profanes ; — Plutus, qui range sous ses décrets la guerre, la paix, les empires, les conseils, la justice, les assemblées populaires, les mariages, les traités, les alliances, les lois, les arts, le plaisant, le sérieux… (ouf ! j'en perds haleine) — en un mot, toutes les affaires publiques et privées des hommes ; — Plutus, sans lequel la troupe des dieux inférieurs, que dis-je, les grands dieux eux-mêmes n'existeraient pas, ou du moins feraient fort maigre chère au logis ; — Plutus, dont la colère est si redoutable, que Pallas ne saurait venir en aide à quiconque l'a encourue, et dont la faveur est si puissante qu'elle permettrait de garrotter Jupiter et sa foudre…

Mon père ne me tira pas de son cerveau, comme le fit autrefois Jupiter pour cette mégère de Minerve ; non, j'ai pour mère la nymphe de la Jeunesse, la plus belle et la plus joyeuse de toutes. Comme ce boiteux de Vulcain, je ne suis pas le fruit d'un ennuyeux devoir matrimonial ; j'ai pris l'être des baisers de l'amour, ainsi que dit Homère. Mais n'allez pas vous tromper, ce n'est pas du héros d'Aristophane, décrépit et chassieux, que je me réclame, c'est de Plutus ingambe, bouillant de jeunesse, et surtout du nectar qu'il aimait à fêter à la table des dieux. Peut-être vous serait-il agréable de connaître le lieu de ma naissance, car aujourd'hui la terre où un enfant a poussé le premier vagissement entre pour beaucoup dans sa noblesse. Sachez donc que ce n'est ni dans l'île flottante de Délos, ni dans les flots de la mer, ni dans les entrailles de la terre que j'ai vu le jour ; ce fut dans les Îles fortunées, où le sol donne sans culture ; ses fruits les plus doux. Sur ces rivages, le travail, la vieillesse et la maladie sont inconnus ; on n'y voit pas la mauve, le lupin, la fève et autres pauvretés semblables ; mais le moly, la panacée, le népenthe, la marjolaine, l'ambroisie, le lotus, la rose, la violette et l'hyacinthe embaument l'air comme aux jardins d'Adonis.

Au milieu de tant de délices, je n'ai pas marqué ma naissance par des pleurs ; en ouvrant les yeux j'ai souri gracieusement à ma mère. J'aurais tort d'envier à Jupiter sa chèvre nourricière, car mes lèvres ont pressé le sein de deux nymphes complaisantes, l'Ivresse, fille de Bacchus, et l'ignorance, fille de Pan, que vous pouvez voir toutes deux parmi mes suivantes. Peut-être vous sera-t-il agréable de les connaître toutes ? Par Hercule ! je vais vous les nommer et en grec, s'il vous plaît. Celle-ci, dont vous remarquez l'air arrogant, c'est Φιλαυτία (l'Amour-propre) ; celle-là, aux regards doucereux et les mains prêtes à applaudir, c'est Κολακεία (la Flatterie). Cette autre, qui sommeille à moitié, vous représente Λήθη ; l'Oubli) ; plus loin, les bras croisés et couchée sur ses coudes, vous voyez Μισοπονία (la Paresse) ; tout près, la tête couronnée de roses et ruisselante de parfums, s'étend Ἡδονή Volupté) ; à côté, Ανοια (la Démence), roule ses yeux hagards. Enfin, ce teint fleuri, ce corps potelé, se nomme Τροφή (la Bonne Chère). Deux dieux sont mêlés à ces nymphes, l'un est Comus, l'autre Morphée. Voilà les serviteurs fidèles qui assurent mon pouvoir sur le monde entier ; avec leur concours, je gouverne même ceux qui gouvernent les autres.

Vous savez maintenant mon origine, mon éducation et mon

entourage. Mais pour éviter qu'on ne m'accuse d'usurper le titre de déesse, je vais vous dire les bienfaits innombrables dont je gratifie les dieux et les hommes, et vous montrer jusqu'où s'étend mon empire. Attention, dressez bien les oreilles.

S'il est vrai de dire que le caractère distinctif d'un dieu est de faire du bien aux hommes ; si c'est avec justice qu'on fait asseoir aux assemblées de l'empyrée ceux qui ont découvert aux mortels le vin, le blé et autres commodités de la vie, il est impossible de me refuser la première place parmi les immortels, à moi qui suis pour tous la source de tous biens ! — Et d'abord, connaissez-vous rien de plus doux et de plus précieux que la vie ? Or qui, plus que moi, contribue à répandre ce bienfait ? La lance redoutable de Pallas ou l'égide de Jupiter, l'assembleur de nuages, se trouveraient bien empêchées d'engendrer et de perpétuer la race humaine. — Il ne faut pas oublier, du reste, que ce père des dieux et des hommes, qui, d'un mouvement de tête, ébranle tout l'Olympe, à certains jours, quitte bon gré malgré sa triple foudre et cet air effrayant qui fait trembler les divinités elles-mêmes, pour se déguiser comme un pauvre comédien, lorsque l'envie le prend (et cela lui arrive assez souvent) d'augmenter le nombre des petits Jupins. Les stoïciens marquent leur place près des dieux : eh bien, donnez-moi un de ces philosophes, deux fois, trois, ou, si mieux aimez, mille fois stoïcien, je ne lui ferai peut-être pas couper sa barbe, cet insigne de la sagesse qui lui est commun avec le bouc, mais à coup sûr je dériderai ce front sourcilleux, je lui ferai changer ses dogmes immuables ; pour un peu il fera des sottises et battra la campagne. En somme, le philosophe devra m'appeler à son aide si seulement il veut être père.

Pourquoi ne conserverais-je pas mon franc parler avec vous ? dites-moi, est-ce la tête, la figure, la poitrine, la main, l'oreille, ou telle autre partie du corps dite honnête, qui possède la vertu de reproduire les dieux et les hommes ? non pas, si je ne me trompe ; mais bien certaine autre partie, si folle, si bouffonne, qu'on ne peut la nommer sans rire. Voilà la source sacrée d'où vient la vie un peu plus sûrement que du quaterne de Pythagore. Entre nous, qui présenterait sa tête au joug du mariage, s'il avait mûrement pesé, comme le devraient faire les sages, les inconvénients de cet état ? Quelle femme accueillerait son mari, si les douleurs de l'enfantement, les soucis de l'éducation lui étaient connus, ou seulement si elle y avait réfléchi ? Devez-vous la naissance à un mariage, le mariage étant du fait de ma compagne la Démence, il est facile de comprendre ce dont vous m'êtes redevable ! La femme qui a subi une première épreuve s'exposerait-elle à une seconde si notre bonne amie la déesse de l'Oubli n'intervenait dans l'affaire ? Vénus elle-même, n'en déplaise à Lucrèce, aurait beau faire, sans mon secours elle resterait sans force et sans pouvoir.

C'est de ce jeu ridicule, dont je réclame l'invention, que proviennent les philosophes pleins d'orgueil et leurs successeurs actuels, vulgairement nommés moines ; de cette même source viennent aussi les majestés royales, les prêtres sacrés, les pontifes trois fois saints, et encore cette foule de demi-dieux, si pressée, que l'Olympe, tout vaste qu'il est, peut à peine la contenir. Mais ce n'est pas assez de vous avoir démontré que moi seule féconde les sources de la vie ; je n'aurais rien fait si je ne vous prouvais que tous les agréments de cette vie, vous les devez à ma munificence.

Que serait-elle si on en retranchait le plaisir ? — Vous applaudissez. — Je pensais bien qu'il n'y avait parmi vous personne d'assez sage… d'assez fou, voulais-je dire… mais non d'assez sage… j'avais raison d'abord, pour n'être pas de mon avis. Vos stoïciens eux-mêmes ne dédaignent pas le plaisir, bien qu'ils le dissimulent avec soin, et ne manquent jamais d'en médire en public ; mais il ne faut voir là qu'une manœuvre adroite pour détourner les autres du gâteau, afin d'avoir meilleure part. Oseraient-ils soutenir, ces hypocrites, qu'il y ait un seul jour dans la vie qui ne soit triste, monotone, insipide, plein d'ennuis et de dégoûts, à moins que le plaisir, c'est-à-dire la Folie, n'y vienne mettre son grain de sel ? Le témoignage de Sophocle, qu'on ne saurait trop citer, serait à la vérité suffisant pour prouver cette proposition. N'est-ce pas lui qui a renfermé dans un vers notre éloge le plus complet ? L'absence de la sagesse, a-t-il dit quelque part, rend seule la vie agréable ! Mais ce n'est pas assez, il s'agit de démontrer ce que nous avançons.

Le premier âge de la vie est le plus plaisant, le plus aimable de tous, personne ne le conteste ; rien n'est aimé, dorloté, caressé, choyé comme l'enfance ; elle attendrit même le cœur d'un ennemi. D'où vient ce charme, s'il vous plaît, sinon de cette auréole de folie dont la nature prudente a orné les jeunes fronts, afin qu'ils puissent payer en plaisir les soucis de ceux qui prennent soin d'eux, et conquérir, par leur amabilité, la protection qui leur est indispensable ? — À l'enfance succède la jeunesse. Que de grâces chez l'adolescent ! aussi comme tout le monde l'accueille avec sympathie, l'aide avec empressement et lui tend une main bienveillante ! D'où vient donc cette faveur ? De mon influence magique qui, en entretenant chez lui une douce folie, le rend plus aimable. Je serais incomplète si je n'ajoutais qu'aussitôt que l'âge s'avance, l'usage du monde, certaines conventions réputées sagesse chez les hommes, y aidant, la beauté s'altère, la gaieté s'éteint, l'élégance s'efface, la vigueur diminue. À mesure que les hommes s'éloignent de moi, la vie se retire d'eux ; et ils touchent bientôt à la vieillesse grondeuse, à cet âge importun à soi-même et aux autres, que les hommes ne pourraient supporter si, là encore, je ne leur venais en aide. Comme les dieux des poèmes antiques qui, dans les périls pressants sauvaient leurs protégés à l'aide d'une métamorphose ; autant qu'il m'est possible, je ramène à l'enfance le vieillard penché vers la tombe : de là, cette habitude populaire de les appeler vieux enfants. Je ne fais pas mystère de ma manière d'opérer, je conduis simplement mes gens à la source du Léthé, aux Îles Fortunées (car il n'y a aux Enfers qu'un petit bras de ce fleuve), et là je leur fais boire à longs traits l'eau d'oubli, qui dissipe leurs soucis et leur donne une nouvelle enfance. Mais on m'objectera qu'après cela ils divaguent et battent la campagne. Par Hercule ! je le sais bien ! — Mais c'est par là qu'ils reviennent à l'enfance ; le propre de cet âge n'étant autre que de divaguer et battre la campagne ; et la Folie, nous l'avons montré, en constitue le plus bel ornement ! La sagesse de l'âge mûr se greffant sur l'enfance produit un monstre, et le proverbe latin a raison de dire : « Je n'aime pas qu'un enfant soit un homme. »

Je ne sais rien de fatigant comme le commerce et la société d'un vieillard, qui avec son expérience de toutes choses, a conservé la vigueur de son intelligence et la netteté de son jugement. Il y a donc bienfait de ma part à faire radoter la vieillesse. Je la mets d'ailleurs par ce moyen à l'abri des tourments que le sage même ne peut éviter, ce qui ne l'empêche pas cependant de fêter la dive bouteille. À l'abri désormais du dégoût de la vie, que l'âge le plus vigoureux supporte à grand'peine, le vieillard en revient même parfois à épeler le mot aimer, comme le barbon de Plaute ; trop heureux alors de n'avoir plus son bon sens ! En somme, grâce à moi, le vieillesse est exempte de chagrins, agréable à ses amis, et bienvenue dans toutes les fêtes. Voyez chez Homère, les lèvres d'Achille ne distillent que le fiel, tandis que de la bouche de Nestor les discours s'épandent aussi doux que le miel ; et les anciens guerriers, assis à la porte de Scée, s'abandonnent à des entretiens pleins de calme. De ce côté, la vieillesse l'emporte sur l'enfance, âge heureux, mais privé de ces longues causeries qui ajoutent tant de charmes à la vie. Il est bon d'observer que les vieux raffolent des enfants et les enfants des vieux, sans doute parce que, comme le dit le poète : les dieux se plaisent à rapprocher les semblables. La seule différence entre ces deux extrêmes, ce sont les rides de l'un et les longues années qu'il compte ; pour le reste, tout est pareil entre eux : cheveux peu colorés, bouche édentée, formes incomplètes, gourmandise de laitage, bégaiement, intempérance de langue, niaiserie, faiblesse de mémoire et défaut d'attention. Plus l'homme s'avance vers sa fin, plus la ressemblance se confirme, jusqu'à ce que tout à fait comme l'enfant, le vieillard, sans regrets de la vie, sans crainte de la mort, émigre vers un autre monde. Que l'on compare après cela mes bienfaits avec les métamorphoses des autres dieux. Sans parler des vilains tours que ces immortels se permettent lorsqu'ils sont en colère, voyez seulement en quoi consistent leurs faveurs : les plus bienveillants se sont bornés à changer leurs protégés en arbres, en oiseaux, en cigales, voire même en serpents ; comme si ce n'était pas mourir que n'être plus soi-même ! Moi, que fais-je, au contraire ? Je rends aux mortels la période la meilleure et la plus heureuse de leur vie. En vérité, je vous le dis, si les mortels rompaient tout commerce avec la sagesse, s'ils abandonnaient leurs jours à ma seule direction, ils ne vieilliraient pas ; leur félicité et leur jeunesse dureraient autant qu'eux.

Regardez ces visages blafards, ils ont pâli sur la philosophie, au milieu d'études profondes et ardues ; tout jeunes encore, ils sont déjà vieux ; le travail, une tension incessante du cerveau, a desséché chez eux la sève de la vie. Regardez au contraire mes fous bien-aimés, ils sont gras, brillants de santé dans leur peau, comme de vrais pourceaux acarnaniens ; ils sont dès maintenant à l'abri des incommodités de la vieillesse, à moins que, comme il n'arrive que trop souvent, ils ne finissent par attraper la fièvre de la sagesse. Tant il est vrai que le bonheur absolu est impossible à l'homme ! À l'appui de ce que je viens de vous dire, je vous citerai le dicton populaire : « La Folie est la seule chose qui arrête la jeunesse dans sa fuite et retarde l'arrivée du dernier jour. » Je ne connais que les Brabançons qui aient mis ce précepte complètement en pratique, au rebours de ce qui se passe chez les autres ; loin d'acquérir la gravité avec l'âge, ces bons compagnons se trouvent chaque matin un peu plus fous que la veille. Il est de fait qu'il n'est pas d'autre nation qui mette plus de joyeuseté dans les choses de la vie, et qui redoute moins la vieillesse. Mes Hollandais se rapprochent d'eux, non moins par leur position géographique que par leur manière de vivre ; je dis mes Hollandais, parce qu'ils me rendent un culte si assidu qu'ils en ont retenu un surnom. Disons à leur louange que, loin d'en rougir, ils le considèrent comme leur plus beau titre de gloire.

Allez maintenant, mortels insensés, demander aux Médées, aux Circés, aux Vénus, à l'Aurore, à je ne sais quelle fontaine, une seconde jeunesse ! Ne comprenez-vous pas que, moi seule, je puis la donner, et la donne en effet ? C'est moi qui possède ce philtre magique à l'aide duquel la fille de Memnon prolongea les jours de Tithon, son aïeul ; c'est moi la Vénus qui rendit à Phaon les grâces de cette belle jeunesse qui enflamma si fort l'ardente Sapho ; ce sont mes simples, s'il y en a dans l'affaire, mes enchantements, ma fontaine merveilleuse, qui rappellent la jeunesse écoulée, que dis-je, qui la conservent inaltérable. Si vous êtes d'accord avec moi que rien n'est plus désirable que la jeunesse, rien n'est plus odieux que la vieillesse ; vous devez reconnaître par suite ce dont vous m'êtes redevable, à moi qui vous conserve un bien si précieux en écartant le mal contraire.

Mais quittons la terre un moment et passons en revue les habitants des cieux. Je veux bien qu'on me fasse une injure de mon nom, si on trouve un seul des immortels qui vaille quelque chose sans moi ! Pourquoi Bacchus a-t-il toujours été cet éphèbe à la longue chevelure ! parce que toujours fou, toujours ivre, toujours au milieu des banquets, des danses, des chansons et des fêtes, il n'a jamais eu aucun commerce avec Pallas. Il serait si fâché de passer pour sage qu'il ne veut être honoré que par des jeux et des réjouissances. Il ne s'offense même pas du surnom de bouffon que lui donne un proverbe grec, qui le dit plus fou qu'une tête barbouillée de lie, — par allusion à la coutume des vignerons en fête, de barbouiller de figues et de vin doux la statue de leur patron assise devant son temple. — Aussi quels sarcasmes l'ancienne comédie n'a-t-elle pas décochés contre lui ! Oh ! le plaisant dieu, disait-elle, beau produit de la cuisse de Jupiter ! De bonne foi, qui n'aimerait mieux être ce bouffon, ce railleur toujours en fête, toujours jeune avec son cortège de ris et de plaisirs, plutôt que ce sournois de Jupiter toujours en train de faire trembler quelqu'un ; que ce vieux Pan gâtant tout avec ses terreurs ; que ce vilain Vulcain tout poudreux, et noir de fumée, ou que cette Minerve à la lance et à l'égide terribles, et qui regarde toujours de travers.

Et Cupidon ? pourquoi croyez-vous que sa jeunesse soit éternelle ? C'est, qu'ami du badinage, il ne pense et ne fait rien que des folies. Et Vénus aux cheveux d'or, pourquoi sa beauté fleurit-elle toujours ? Pourquoi ? parce qu'elle a avec moi certaine affinité, qui fait éclater en elle les richesses de mon père, et que la gaieté ne l'abandonne jamais, si nous en croyons les poètes et les statuaires leurs émules. Dites-moi quelle autre déesse fut honorée chez les Romains à l'égal de Flore, la mère des voluptés ! — Au reste, si on en croit Homère, les dieux les plus austères sacrifient eux-mêmes à la Folie. Est-il besoin de vous rappeler les amours et les aventures de Jupiter-Tonnant ? de vous parler de Diane, qui oubliant tout à fait la modestie de son sexe, ne chassait plus rien dans les forêts que le bel Endymion, pour qui elle mourait d'amour ? Et toutes ces peccadilles que Momus reprochait autrefois aux immortels, je les passe sous silence ; sur ce sujet délicat, j'aime mieux m'en rapporter à ce qu'il a dit, car, s'il vous en souvient, les dieux importunés de sa sagesse le précipitèrent sur la terre, et depuis aucun asile ne s'ouvrit à l'exilé ; les palais des rois se fermèrent surtout devant lui, la Flatterie ma compagne y tenant cour plénière et sympathisant avec lui comme le loup avec l'agneau. Débarrassés de cet importun, les Immortels menèrent joyeuse vie et se laissèrent aller à la pente, comme dit Homère, sans crainte des censeurs. Que de gaieté dans ce drille de Priape ? que d'espièglerie dans les vols et les tours de Mercure ! N'est-ce pas grâce à Vulcain, à son allure baroque, à ses balourdises et à ses quiproquos, que les dieux ébranlent par leurs rires la salle de leurs festins ? Silène, ce vieil amoureux, ne danse-t-il pas la Cordax, et Polyphème ne se trémousse-t-il pas lourdement, tandis que les nymphes effleurent à peine la terre de leurs pieds ? Les satyres aux pieds de chèvres figurent les impudiques Atellanes ; Pan, avec ses chansons bien bêtes, fait rire tout le monde, car on préfère Pan aux Muses, surtout quand le nectar échauffe les cerveaux divins ! Vous dirai-je ce que les immortels font après boire ? qu'Hercule me confonde si je puis m'empêcher d'en rire ; mais il vaut mieux me taire comme Harpocrate, car quelque dieu mal avisé n'aurait qu'a m'entendre et m'infliger le châtiment de Momus ?

Comme le dit Homère, il est temps de laisser les plaines éthérées ; revenons sur la terre, que je vous montre que là aussi rien d'agréable ni d'heureux n'arrive sans mon intervention. Remarquons tout d'abord combien la nature, en mère prévoyante, a pris soin que tout ici-bas fût assaisonné d'un grain de folie. J'admets, si l'on veut, avec les stoïciens, que la sagesse consiste à suivre la raison, et la folie, au contraire, à suivre ses passions ; mais, n'est-ce pas justement pour égayer la vie, que les dieux nous ont donné plus de folie que de sagesse, et ce dans une très-forte proportion ! Ils ont relégué la raison dans un tout petit coin du cerveau ; les passions, au contraire, règnent dans tout le reste du corps. À la raison sont opposés deux antagonistes redoutables : la colère, qui a le siège de son empire au cœur, aux sources mêmes de la vie, et la lubricité qui étend bien au delà sa prépondérance. Ce que peut la raison avec une pareille organisation, le train ordinaire de la vie nous le montre ; en vain elle s'enroue à indiquer le droit sentier, on ne l'écoute pas ; ses sujets se révoltent contre cette prétendue reine et crient plus fort qu'elle, si bien que fatiguée, un jour elle cède, et lâche la bride à tous les écarts.

Cependant, comme l'homme était destiné aux affaires, il était nécessaire qu'il eût au moins une once de raison pour s'en tirer à peu près ; le créateur, bien embarrassé, prit mon avis, selon sa coutume ; le conseil que je lui donnai pour parer aux dangers de cet excédant de raison fut digne de moi : c'était de donner une femme à l'homme ! La femme est, il faut l'avouer, un animal inepte et fou, mais au demeurant plaisant et gracieux ; de sorte que sa société tempère et adoucit dans l'intimité ce que le génie de l'homme a forcément de triste. Platon, en mettant en doute dans quelle classe il devait ranger la femme, des animaux raisonnables ou des autres, n'a voulu faire autre chose qu'indiquer par là l'insigne folie du sexe. Si, par hasard, une femme voulait poser pour la sagesse, elle ne parviendrait certainement qu'à mettre sa folie plus en relief ; c'est comme si elle envoyait un bœuf aux courses du cirque. En général, on ne fait que rendre plus saillant un vice lorsqu'on cherche à lui donner les apparences de la vertu et qu'on change son naturel. Le singe est toujours singe, a dit avec justesse le proverbe grec, même sous la pourpre. La femme est toujours femme, c'est-à-dire folle, quelque masque qu'elle prenne d'ailleurs.

Je ne vais pourtant pas jusqu'à la croire assez folle pour trouver mauvais que moi, femme, et de plus la Folie en personne, je la déclare comblée de mes faveurs. À prendre les choses du bon côté, elle doit admettre que je lui ai donné une part bien préférable à celle des hommes. Ne serait-ce que cette beauté, qu'elle prise et à juste raison avant tout, et qui lui permet de tyranniser les tyrans eux-mêmes. Ne vous le dissimulez pas, ce qui donne à l'homme ces traits rudes, cette peau hérissée, cette barbe épaisse qui appellent la vieillesse, c'est la raison, la raison seule ; tandis qu'il y a chez la femme je ne sais quoi d'éternellement jeune : ses joues sont imberbes, sa voix fraîche, sa peau moelleuse. Toute l'ambition de sa vie elle la met à plaire à l'homme ! Les soins, les fards, les bains, les coiffures, les parfums, les essences et tous les artifices pour embellir, peindre et faire son visage et ses yeux, n'ont pas d'autre but. N'est-ce pas avouer par suite que ce qui recommande plus particulièrement les femmes aux hommes, c'est leur folie ? D'ailleurs les hommes permettent tout aux femmes, pourvu qu'elles leur donnent en retour le plaisir ; or, qu'est-ce que le plaisir, sinon la Folie ? Et personne ne me contredira, pour peu qu'il ait songé quelles inepties dit et fait un homme lorsque le désir l'aiguillonne.

Je viens de vous montrer la source du plus grand plaisir de la vie. Ainsi les vieillards, en général, plutôt buveurs que galants, trouvent le bonheur au fond de leur verre. Je ne rechercherai pas, avec certains auteurs, si un festin sans femmes peut avoir quelques charmes ; mais, ce que j'affirme, c'est qu'il sera franchement insipide s'il lui manque l'assaisonnement de la Folie. Je n'en veux d'autre preuve que celle-ci : si parmi les convives il ne s'en rencontre pas au moins un capable de les mettre en gaieté par sa folie native ou artificielle, on payera quelque bouffon ou bien on attirera quelque parasite ridicule qui sache chasser le silence et la tristesse loin des buveurs, à force de balourdises désopilantes, c'est-à-dire folles. Quoi ! toujours se farcir l'estomac de fins morceaux et de friandises de toute espèce, et les yeux, les oreilles ne prendraient pas part à la fête ! Et les rires, les jeux, les plaisanteries n'auraient pas place au festin ! Je ne puis souffrir une telle lacune, c'est pourquoi j'apprête avec soin un autre genre de service. Toutes ces joyeuses cérémonies qu'on célèbre autour de la table, sont-ce les sept sages de la Grèce qui les ont inventées ? Sont-ce eux qui vous ont montré à tirer au sort le roi du festin, à jouer aux dés, à porter des santés, à chanter et boire à la ronde, à danser et vous ébaudir ? Non, vraiment, c'est encore moi qui les trouvai pour le salut du genre humain. La vie est ainsi faite, que plus on y met de folie, plus on vit ; la tristesse c'est la mort. Sans les plaisirs que je procure, je le répète, rien d'aussi pénible que l'existence, elle ne saurait échapper à l'ennui, son trop fidèle suivant.

On rencontre des gens qui, dédaignant les plaisirs de la table, ne trouvent le bonheur que dans le commerce de leurs amis. L'amitié, à les en croire, tient la première place dans l'existence ; elle leur est aussi indispensable que l'air, le feu et l'eau. Leur enlever les charmes de l'amitié, mais ce serait enlever à la terre les rayons du soleil ! Et de fait, l'amitié est chose si honnête (le mot ne fait rien à l'affaire) que les philosophes eux-mêmes la comptent parmi les plus grands biens. — Et que me direz-vous pourtant, si je vous prouve que c'est encore moi qui suis l'alpha et l'oméga, c'est-à-dire l'auteur de cet immense bienfait ? Attention, je vais vous le démontrer sans arguments captieux, sans sorites cornus et autres jongleries dialectiques ; avec l'aide des Muses seules, vous allez toucher tout cela du doigt ! Voyons, fermer les yeux, se tromper de gaieté de cœur, s'aveugler sur les défauts de ses amis, aimer en eux les plus grands vices, les admirer comme autant de vertus, cela n'est-il pas bien voisin de la folie ? Cet amant qui baise avec ardeur une tache sur l'épiderme de sa maîtresse, cet autre qui savoure l'haleine perfide de son Agnès, ce père qui ne trouve qu'un peu déviés les yeux de son fils affecté d'un horrible strabisme, tout cela, n'est-ce pas, est de la pure folie ? C'est de la folie, vous le reconnaissez, et cependant c'est là le principe qui forme et entretient les amitiés. Bien entendu, je ne parle ici que du commun des martyrs, dont le plus parfait n'est pas celui qui n'a pas de défaut, mais celui qui en a le moins. Quant aux demi-dieux de la philosophie, ou ils ne cultivent pas l'amitié, ou ils la rendent désagréable et insipide, et n'admettent dans leur intimité que très-peu de gens, pour ne pas dire personne. Et cela par une raison toute simple, c'est que la majeure partie des hommes déraisonne, que dis-je, délire de cent façons, et qu'une véritable union ne peut exister qu'entre gens qui se ressemblent. Si, par le plus grand des hasards, une sympathie réciproque rapproche ces moroses personnages, ce n'est jamais pour bien longtemps, entre gens qui ont l'œil perçant de l'aigle et du serpent d'Épidaure pour pénétrer les défauts du prochain. Pour les leurs, ils ne les voient pas ; comme dans le fable d'Ésope, ils les portent dans la poche de derrière. Et d'ailleurs, si aux vices essentiels que vous rencontrez chez ces esprits supérieurs, même les plus parfaits, vous ajoutez les différences d'âge et d'étude, les fautes, les erreurs et les ennuis qui traversent la vie, vous resterez convaincus que l'amitié ne pourrait se prolonger au delà d'une heure entre ces Argus, s'ils ne sacrifiaient, eux aussi, à cette heureuse inconséquence qu'il vous est donné de nommer folie ou facilité de mœurs à votre choix. Il n'y a pas à s'en étonner. Cupidon n'est-il pas l'auteur et le père de toute liaison ? Et ce dieu ne jouit-il pas d'une telle hallucination de le vue, qu'il voit le laid en beau ! Il a accordé à chacun de vous le même privilège, si bien que l'objet de vos affections est toujours beau à vos yeux : le vieux goûte sa vieille tout de même que l'adolescent la vierge qu'il désire. Il en est ainsi partout, partout ou on rit ; mais c'est cependant cet aveuglement, malgré son ridicule, qui jette quelque agrément sur la vie et forme les plus forts liens de la société.

Ce que je viens de dire des liaisons amicales s'applique à plus forte raison au mariage, qui ne doit être, à proprement parler, que la fusion de deux vies en une seule. Dieux immortels, que de divorces ou de choses pires que le divorce troubleraient chaque jour les ménages, si les habitudes conjugales n'appelaient sans cesse à leur aide la flatterie, le badinage, l'indulgence, l'illusion, la dissimulation et le reste de mon entourage ! Oui-dà, que de mariages manqueraient, si le futur prudent recherchait à quel jeu a déjà joué cette jeune fille si modeste et si pudique en apparence ! que de ruptures, si l'insouciance et la bêtise des maris ne servaient de manteaux aux faits et gestes de leurs dames ! Tout cela est folie, me dira-t-on, je le veux bien, mais il n'en est pas moins vrai qu'il ne faut rien moins que cela pour faire supporter la femme au mari, et le mari à la femme, donner quelque tranquillité à la maison et y retenir la bonne harmonie. On rit, on appelle cocu, cornard, et ceci et cela, le pauvre diable qui sèche sous ses baisers les fausses larmes de son infidèle ; mais son erreur n'est-elle pas préférable mille fois à la jalousie, qui se dévore elle-même et fait de la tragédie à propos de rien ? En définitive, sans moi pas de société possible, pas de rapports solides et agréables dans la vie ; sans moi, le sujet serait bientôt las de son prince, le valet de son maître, la servante de sa maîtresse, le disciple de son précepteur, l'ami de son ami, le mari de sa femme, l'hôte de son hôte, le camarade de son camarade. Il est donc nécessaire que tout cela se trompe, se flatte, use de complaisance ; en résumé, qu'ils se frottent réciproquement du miel de la folie. Voilà certes de bien belles choses, mais vous allez entendre mieux encore.

Dites-moi, je vous prie : peut-on aimer quelqu'un lorsqu'on se hait soi-même ? Peut-on être d'accord avec les autres lorsque déjà on ne l'est pas avec soi ? Peut-on apporter de l'agrément à personne quand on est ennuyé et fatigué de sa propre existence ? Pour soutenir pareille thèse, il faudrait être plus fou que la Folie ! Donc, si on m'exilait de ce monde, bien loin de pouvoir supporter les autres, chacun serait à charge à soi-même et serait à ses propres yeux un objet de haine. Car la nature, plus souvent marâtre que mère, a disposé ainsi les esprits des mortels, surtout des mieux doués, qu'ils méprisent ce qu'ils possèdent pour envier ce qu'ont les autres. D'où il arrive que tous les avantages, tous les agréments et les charmes de la vie s'altèrent et se détruisent. À quoi servirait, par exemple, la beauté, ce présent unique peut-être des dieux, si celui à qui elle est échue en partage n'en jouissait pas tout le premier ? À quoi servirait la jeunesse, si elle était déparée par l'humeur chagrine de la vieillesse ? Songez donc que dans la vie, soit dans son for intérieur, soit dans ses rapports avec son prochain, l'homme ne peut rien faire de beau (car le beau est la chose capitale, non-seulement en fait de beaux-arts, mais en toutes choses), s'il ne s'inspire de Philautie (l'amour-propre) qui siège à ma droite et que je puis bien nommer ma sœur, tant elle me supplée presque en tous points ! Il faut bien que je vous le dise, il n'y a rien de plus fou que de se plaire à soi-même et de s'admirer ; mais cependant on ne peut rien faire de beau si on ne se laisse aller à ce sentiment. Retranchez ce stimulant de l'amour-propre, l'orateur devient glacial, le musicien ne charme plus l'oreille, l'acteur néglige son jeu et ne recueille que des sifflets, le poète et sa muse ne sont plus que matières à plaisanteries, le peintre et son art ne méritent plus que le mépris, et le médecin meurt de faim au milieu de ses remèdes. Sans l'amour-propre, le beau Nérée et le hideux Thersite, Phaon le rajeuni et l'antique Nestor sont égaux ; sans l'amour-propre, impossible de distinguer le sot de l'homme d'esprit, le causeur agréable du lourdaud, le paysan de l'homme du monde. Tant il est vrai que chacun doit se caresser soi-même et se donner son propre suffrage avant de prétendre à celui des autres.

C'est un grand point pour être heureux, qu'on soit ce que l'on veut être, et c'est à ma sœur Philautie (l'amour-propre) qu'on est redevable de cet avantage ; c'est elle qui rend tout le monde satisfait de son physique, de son esprit, de sa naissance, de sa condition, de ses mœurs et de sa patrie. Si bien que l'Irlandais ne voudrait pas changer avec l'Italien, le Thrace avec l'Athénien, le Scythe avec l'habitant des Îles Fortunées. Admirable sollicitude de la nature qui, dans une telle diversité de choses, parvient à mettre l'égalité ! Si elle refuse à l'un quelques-uns de ses dons, à celui-là elle accorde un grain en plus de Philautie. Mais, je suis bien folle de dire qu'elle lui refuse quelque don, puisqu'elle lui en accorde un qui les renferme tous !

Je veux aller plus loin, je veux vous prouver qu'il n'y a pas d'actions d'éclat que je n'inspire, pas d'arts ni de sciences que je n'aie pour ainsi dire créés. La guerre n'est-elle pas le théâtre des actions les plus vantées, le champ où croissent les lauriers ? Et cependant, trouvez-moi rien de plus fou que de s'engager, sans trop savoir pourquoi, la plupart du temps, dans des entreprises de cette sorte, qui toujours apportent aux deux partis plus de maux que de biens. Ceux qui tombent on n'en parle pas, comme jadis à Mégare. Lorsque deux armées sont en présence, lorsque le clairon retentit, à quoi pourraient être bons ces philosophes exténués par l'étude et puisant à peine un souffle de vie dans un sang refroidi ? Ce qu'il faut alors, ce sont des gars bien nourris et robustes, animés d'autant plus de courage qu'ils ont moins de bon sens. À moins qu'on ne veuille se contenter de guerriers de la force de Démosthène, qui, selon le conseil d'Archiloque, jeta son bouclier à la vue de l'ennemi, et se montra aussi pitoyable soldat qu'il était excellent orateur. L'intelligence, pourra-t-on m'objecter, trouve aussi sa place à la guerre ; je n'en disconviens pas, quant au général ; encore est-ce une intelligence militaire et non pas philosophique qu'il lui faut ; quant au reste, les parasites, les proxénètes, les paysans, les imbéciles, les gueux, en un mot ce que l'on appelle la lie du peuple, suffit amplement pour cueillir les lauriers de la victoire, lauriers auxquels ne pourraient prétendre les philosophes les plus illuminés.

Il est facile de juger à quel point les philosophes sont inaptes aux choses de la vie par l'exemple de Socrate ; ce sage unique au dire peu sage de l'oracle d'Apollon, lequel, obligé à traiter en public je ne sais quelle affaire, s'en tira si mal qu'il emporta les huées de tout son auditoire. Force nous est bien pourtant d'avouer que Socrate n'était pas déjà tant fou lorsqu'il refusait le titre de sage pour l'attribuer à Dieu seul, ou lorsqu'il recommandait au philosophe de se tenir éloigné de la politique ; bien qu'il eût mieux fait au fond d'enseigner qu'on doit s'abstenir de la sagesse, lorsqu'on veut véritablement compter parmi les hommes. La cause de sa condamnation à boire la ciguë est-elle autre chose que son excès de sagesse ? Au lieu de philosopher sur les nuages et les idées, au lieu de mesurer le pas d'une puce et d'admirer le bourdonnement d'une mouche, que n'a-t-il appris ce qui est nécessaire au commerce de la vie ? il eût évité son sort. Et Platon, ce célèbre disciple de Socrate, comment a-t-il défendu la vie de son maître ? Le bel avocat vraiment ! le bruit de la foule l'ahurit, et c'est à peine s'il peut achever sa première période. Que dire encore de Théophraste, lui qui s'avança un jour dans une assemblée pour y prendre la parole, et resta coi comme en face d'un loup. Ce gaillard-là n'était-il pas bien propre à exciter le courage des soldats au fort de la bataille ? Parlez-moi encore d'Isocrate, si timide, qu'il n'osa jamais ouvrir la bouche en public ; ou bien de Cicéron, ce père de l'éloquence romaine, qui tremblait et bégayait comme un enfant à chaque exorde de ses discours. Il est vrai que Fabius regarde cette timidité comme la marque d'un orateur intelligent et qui connaît le danger. Mais parler ainsi n'est-ce pas précisément reconnaître que la sagesse est un obstacle à bien faire ? Que serait-il advenu de ces philosophes, s'il eût fallu qu'ils s'escrimassent pour tout de bon avec le fer, eux qui s'évanouissaient déjà de peur à l'idée de se battre à coups de langue ? Malgré ce, Dieu sait comme on fait sonner le mot célèbre de Platon : Heureux seraient les peuples si les rois étaient philosophes, ou si les philosophes étaient rois ! Interrogez l'histoire, vous resterez convaincus que les États pâtirent toutes les fois que le pouvoir a été entre les mains d'un philosophe ou d'un homme de lettres. L'exemple des deux Caton, si je ne me trompe, est bien suffisant pour le prouver. L'un troubla la République par ses accusations inopportunes, l'autre précipita la ruine de la liberté en mettant trop de zèle à la défendre. Il en a été ainsi des Brutus, des Cassius, des Gracques et de Cicéron lui-même, qui ne fut pas moins funeste à Rome que Démosthène ne l'avait été à Athènes. J'admets, pour un instant, qu'Antonin fut un bon empereur, bien qu'on pourrait le contester, puisque son titre de sage l'avait rendu insupportable et odieux aux citoyens ; mais tout en le tenant pour bon, on ne peut mettre en balance les avantages de son règne avec les maux qu'il a causés, en laissant un fils comme Commode. D'ailleurs, si tous ceux qui s'adonnent à la philosophie réussissent peu aux choses du monde, il est notoire qu'ils échouent complètement quand il s'agit de procréation. En cela, il faut le dire, la nature a montré sa prudence, car elle a empêché par ce moyen la lèpre de la sagesse d'envahir l'espèce humaine. Cicéron avait un fils complètement dégénéré, et les enfants du sage Socrate tenaient plus de leur mère Xantipe que de lui ; c'est-à-dire, comme on l'a justement fait remarquer, qu'ils étaient passablement fous.

On passerait encore aux philosophes d'exercer les charges publiques comme les ânes jouent de la lyre, s'ils étaient du moins bons à quelque chose dans la vie privée. Mais menez un philosophe au milieu d'un festin ; son silence, sa tristesse ou ses questions saugrenues troubleront aussitôt la fête ; faites-le danser, il déploiera les grâces d'un chameau ; si vous parvenez à l'entraîner à un spectacle, son seul aspect glacera les plaisirs de la foule, et, comme l'austère Caton, on le priera de quitter le théâtre puisqu'il ne peut quitter pour une heure son air grave et sévère. Qu'il tombe au milieu d'une conversation, c'est un loup dans une bergerie, personne n'ose plus souffler mot. S'agit-il d'acheter, de faire un acte quelconque, une de ces mille négociations que veut le commerce journalier de la vie, notre philosophe n'est plus un homme, c'est une souche. Bref, lui-même, ses parents et les siens n'ont rien à attendre d'un pareil être ; parce qu'il est inhabile à toutes choses, et qu'il se tient éloigné des opinions et des coutumes ordinaires. Une telle différence de mœurs le rend, on le comprend, odieux à tout le monde. Car, retenez-le bien, tout ce qui se fait ici-bas entre les mortels est essentiellement fou, et fait par des fous pour des fous. Qui veut seul s'opposer à l'entraînement universel, n'a selon moi pour ressource que de suivre l'exemple de Timon le Misanthrope, et d'aller jouir dans quelque solitude profonde de sa tant belle sagesse.

Pour en revenir à notre sujet, quelle force a pu rassembler en cités l'espèce humaine encore sauvage, cruelle et ignorante ? N'est-ce pas la flatterie ? C'est là le véritable sens des mythes de la lyre d'Amphion et d'Orphée. — Remarquez bien ceci. — Comment la plèbe de Rome, lorsqu'elle voulait se porter à toutes extrémités, fut-elle ramenée au calme ? Est-ce par une exhortation philosophique ? Point du tout. Il a suffi pour cela d'un apologue puéril et ridicule, où il était question de membres et de ventre. Thémistocle produisit le même effet avec la fable du

Renard et du Hérisson. Toute l'éloquence philosophique aurait échoué où Sertorius a réussi avec la fable de la Biche, avec celle des Deux chiens, déjà employée en pareil cas par Lycurgue, ou bien encore la fameuse histoire des Queues de chevaux épilées. Je ne veux rien dire de Minos et de Numa qui gouvernèrent si facilement la folle multitude avec leurs contes en l'air. Il suffit de pareilles niaiseries pour remuer profondément cette énorme et puissante bête qu'on appelle le peuple.

Citez-moi donc une ville qui ait jamais adopté les lois de Platon ou d'Aristote ou les maximes de Socrate. Qui a inspiré aux Décius de se sacrifier pour le salut de leur patrie ? qui a entraîné Curtius vers le gouffre, si ce n'est la gloriole, cette douce syrène que conspuent si bien nos philosophes. Écoutez-les, ces sages. — Quoi de plus fou, vous diront-ils, que de flatter lâchement le peuple pour poser sa candidature aux honneurs, que d'acheter ses faveurs par des profusions, de se complaire à ses acclamations vénales, de se donner triomphalement en spectacle comme une idole ou de se planter au beau milieu du Forum comme une statue d'airain ? Ces noms, ces surnoms, ajoutent-ils, ces honneurs divins accordés à des gens qui méritent à peine le nom d'hommes, ces apothéoses des plus insignes tyrans, tout cela n'est-il pas bien fou, et est-ce assez d'un Démocrite pour en rire ! Eh, messieurs de la philosophie, qui vous dit le contraire ? Mais vous oubliez que vous vous attaquez justement à la source même de ces hauts faits, qu'exaltent jusqu'aux nues les orateurs et les poètes ; vous oubliez que cette folie élève les villes, soutient les empires, les lois, la religion, les conseils, les magistratures, et qu'à vrai dire la vie humaine tout entière n'est autre chose qu'un jeu de fous.

Un mot maintenant des arts et des sciences. Qui incite, s'il vous plaît, l'esprit des hommes à chercher et à transmettre à la postérité tant de découvertes magnifiques, si on en croit leurs auteurs ? n'est-ce pas la soif de la gloire ? Leurs veilles, leurs travaux, à les entendre, sont trop payés par je ne sais quelle renommée qui est bien cependant ce qu'il y a de plus chimérique au monde. Ne le perdez pas de vue, c'est à ce genre de folie que vous devez les agréments de la vie, c'est d'elle que vous vient le plaisir par excellence, le plaisir de jouir de la folie des autres.

Je vous ai montré à quel titre m'appartient le patronage de la gloire et des arts ; vous ne serez pas surpris si je revendique encore celui de la prudence. La prudence chez vous, va-t-on m'objecter, mais c'est vouloir démontrer que l'eau peut se mêler au feu ! J'espère cependant arriver à établir mes droits de ce côté ; si, comme vous l'avez fait jusqu'ici, vous me prêtez attentivement vos esprits et vos oreilles.

En premier lieu, s'il est vrai que la prudence consiste surtout dans l'usage qu'on fait des choses ; qui des deux mérite qu'on lui attribue cette vertu, du soi-disant sage, qui, partie par réserve, partie par timidité, n'ose rien entreprendre ; ou du fou qui, sans s'arrêter à la réserve qu'il ignore ou au danger qu'il ne reconnaît pas, va tout droit devant lui ? Enfoui dans les livres des anciens, le sage n'en retire que des combinaisons de mots ; le fou, au milieu du tourbillon des affaires et de leurs périls, acquiert, si je ne me trompe, la véritable prudence. Il semble qu'Homère, tout aveugle qu'il était, ait vu cette vérité lorsqu'il disait : « Le fou prend des leçons à ses dépens. » Deux obstacles sont à vaincre pour arriver à l'expérience : la timidité, qui obscurcit les idées et amoindrit les moyens, et la crainte qui, en exagérant les dangers, détourne des grandes actions. La folie pare merveilleusement à tous les deux. Il est peu d'hommes capables de bien comprendre ce qu'il y a d'avantageux à ne plus rougir et à ne reculer devant rien. Peut-être y en a-t-il encore parmi vous qui préfèrent cette prudence, qui consiste à chercher par la réflexion la juste valeur des choses ; je vais vous apprendre combien ils sont loin de la réalité, alors qu'ils se font gloire d'y atteindre.

Comme les Silènes d'Alcibiade, les choses humaines ont deux faces qui ne se ressemblent guère. Souvent, ce qu'à en juger seulement par l'extérieur, on eût pris pour la mort, est la vie en réalité, si on sonde l'intérieur. Ici-bas, presque toujours, on prend le beau pour le laid, la misère pour l'opulence, l'infamie pour la gloire et l'ignorance pour la science. On voit la force dans la faiblesse, la grandeur d'âme dans la bassesse, la gaieté dans la tristesse, la faveur dans la disgrâce, l'amitié dans la haine. Bref, ouvrez le Silène et tout est changé. Mais je vous parle trop en philosophe, j'en ai peur ; je vais épaissir mes arguments, afin que vous les saisissiez plus facilement.

Qu'est-ce qu'un roi au dire de chacun ? Un mortel très-riche et tout-puissant. Mais si son âme, vide de belles qualités, n'est pas satisfaite des trésors qu'il possède, n'est-il pas bien pauvre en réalité ? Si la foule de ses passions le domine, n'est-il pas esclave ? — Il nous serait loisible de philosopher de la même manière sur chaque chose de ce monde, mais cet exemple suffit amplement. À quoi bon tout cela ? me direz-vous. Vous allez voir. — Celui qui s'aviserait d'arracher leurs masques aux acteurs en scène et de les réduire à leurs figures naturelles, ne troublerait-il pas la pièce ! Ne courrait-il pas grands risques d'être chassé du théâtre comme un extravagant ? Il n'en est pas moins vrai qu'il aurait tout changé de face, la femme ne serait plus qu'un homme et l'adolescent un vieillard. Sous le monarque dépouillé de sa couronne apparaîtrait un faquin, et sous le grand dieu un pygmée. Mais en détruisant ainsi l'illusion, il aurait détruit en même temps l'intérêt tout entier de la pièce, car les déguisements et le fard retiennent seuls l'attention du spectateur. Or, qu'est-ce que la vie, sinon une sorte de comédie où chacun remplit son rôle sous un déguisement qu'il change souvent, si souvent que roi tout à l'heure sous la pourpre, le même acteur reparaît l'instant d'après esclave sous des haillons, jusqu'à ce qu'enfin l'impresario le force à quitter la scène ! Telle est, sur ce monde sans consistance, la farce qui se joue chaque jour.

Supposons qu'un sage tombe tout à coup du ciel au beau milieu de notre théâtre, et qu'il s'écrie : « Celui que vous honorez comme un dieu, comme votre maître, n'est pas même un homme, ce n'est qu'une brute, puisqu'il se laisse conduire par ses instincts ; un esclave, puisqu'il se courbe devant tant de maîtres méprisables. » À cet homme qui pleure la mort de son père, s'il disait : « Réjouis-toi ! ton père a commencé à vivre, car la vie d'ici-bas c'est la mort ! » À ce noble tout fier de son blason, s'il disait : « Tu n'es qu'un bâtard et qu'un roturier, puisque tu manques complètement de vertu sans laquelle il n'est point de véritable noblesse. » Bref, s'il apportait le même esprit critique dans toutes les choses de la vie, que gagnerait-il à tous ces beaux discours ? Ne serait-ce pas lui qui passerait pour un furieux et un extravagant ? Croyez-moi, la sagesse inopportune est de la folie, comme la prudence malencontreuse est de l'imprudence. Or, j'appelle malencontreuse celle qui ne sait s'accommoder ni au temps ni aux circonstances, qui méconnaît la grande loi du festin : Buvez ou allez-vous en, et veut, en définitive, que la comédie d'ici-bas soit plus qu'une comédie. La vraie prudence pour un mortel, c'est de voir juste la dose de sagesse que comporte la nature humaine sans aller au delà, et de dissimuler son sentiment sur les erreurs de la multitude, s'il ne peut les partager. Mais c'est folie toute pure ce que vous nous recommandez là, me direz-vous encore ! — J'en conviens, pourvu que vous conveniez aussi que c'est ainsi que se passent les choses sur le théâtre de votre monde.

Dieux immortels, dois-je achever ce qui me reste à dire ? — Pourquoi hésiter, puisque c'est la vérité ? — Mais avant d'aborder un pareil sujet, ce serait bien le cas, il me semble, d'appeler à mon aide les muses de l'Hélicon que les poètes invoquent si souvent pour rien. Descendez donc un moment pour la circonstance, filles du puissant Jupiter ! inspirez-moi, afin que je prouve clairement qu'on ne peut arriver à cette sagesse dont on fait l'asile du bonheur, qu'en prenant la Folie pour guide.

D'abord, il est clair que toutes les passions sont du domaine de la Folie, car le fou se distingue du sage en ce qu'il se laisse conduire par ses passions, tandis que l'autre prétend les mépriser et suivre la raison. Voilà pourquoi les stoïciens interdisent ces affections de l'âme comme autant de maladies ; et cependant, il est certain que les passions sont les pilotes qui conduisent sûrement au port de la Sagesse et inspirent la pensée et le désir de faire le bien. Sénèque, ce stoïcien renforcé a beau dire que le vrai philosophe doit être sans passions ; un sage de cette espèce n'aurait plus rien d'humain, ce serait une sorte de dieu qui n'a jamais existé sur terre et n'existera jamais ; pour tout dire, ce serait une statue inanimée. Que les stoïciens jouissent en paix de leur chimère, qu'ils l'aiment sans contestation, mais qu'ils l'emportent avec eux dans la cité de Platon, dans la région des idées, ou les jardins de Tantale. Pourrait-on ne pas abhorrer comme un monstre et fuir comme un spectre, cet être sourd à tous les sentiments naturels, qui, sans affectation, sans amour, sans bienveillance, ne se laisse pas plus impressionner qu'un rocher ? Rien ne lui échappe, rien ne le trompe ; son œil de lynx voit tout ; il pèse tout, sans se tromper d'un grain. Il n'est content que de lui-même, se croit le seul riche, le seul sain, le seul roi, le seul libre ; bref tout est à lui seul ; mais personne ne partage son opinion. D'amis il n'en a pas et n'est l'ami de personne. Les dieux, il les méprise ; et tout ce qui se fait dans ce monde est l'objet de ses critiques et de ses railleries. Voilà l'animal que les stoïciens regardent comme le sage absolu.

Je vous le demande, si on allait aux voix, quelle république voudrait un tel magistrat, quelle armée un tel général ? Un pareil être pourra-t-il jamais trouver un hôte, une femme, un serviteur ? Ne lui préférera-t-on pas mille fois n'importe quel fou qui sache ou commander ou obéir aux fous, un de ces aimables cerveaux brûlés, indulgents pour leurs semblables, complaisants pour leurs femmes, agréables à leurs amis, charmants en société ? un de ces individus enfin qui se vantent de prendre intérêt à tout ce qui se passe sur la terre ? Mais j'ai regret de gaspiller ainsi vos instants autour de ce prétendu sage ; je continue l'exposition des avantages que je procure aux hommes.

J'imagine que quelqu'un soit transporté sur l'observatoire élevé où les poëtes placent Jupiter ; que verrait-il ? Une foule de maux assaillir de toutes parts la vie des misérables mortels ; naissance immonde, éducation pénible, enfance à la merci de tout ce qui l'environne, jeunesse accablée d'études et de travaux, vieillesse exposée aux infirmités de toutes sortes, et pour fin à tant de misères, la mort. Ajoutez à cela les maladies et les accidents qui traversent le cours de cette pauvre existence et tous ces ennuis qui répandent leur fiel sur les plus doux moments. Sans parler des tourments que l'homme inflige à l'homme, comme la pauvreté, la prison, l'infamie, la honte, la torture, les embûches, les trahisons, les procès, les outrages, les fourberies...... Mais les énumérer tous ne serait-ce pas vouloir compter les grains de sable de la mer ? Par quels crimes l'homme s'est attiré un semblable sort ; quel Dieu en courroux l'a fait naître dans cette vallée de larmes, je n'ai pas à vous l'expliquer maintenant. Toujours est-il que, pour peu qu'on y réfléchisse, on serait tenté de suivre l'exemple des Milésiennes et de chercher des consolations dans la mort.

Mais vous êtes-vous jamais demandé quels étaient les hommes qui mettaient fin à leurs dégoûts par le suicide ? Ce ne sont autres que ces prétendus sages dont nous venons de parler. Sans nous arrêter aux Diogène, aux Xénocrate, aux Caton, aux Cassius et aux Brutus, je veux vous citer seulement Chiron, qui pouvait jouir de l'immortalité et préféra la mort. Vous voyez déjà d'ici ce qui arriverait si la sagesse s'emparait de tous les hommes ; bientôt la terre serait déserte, et il faudrait un nouveau Prométhée pour modeler de nouvelles statues. Heureusement que j'interviens dans tout ceci ; je distribue aux uns l'ignorance ou l'étourderie, aux autres l'espérance ou la paillardise ! Bref, je me montre si libérale que, bien loin de vouloir quitter la vie, lorsque la Parque arrive au bout de son fil et que la vie les quitte, presque tous invoquent, pour se rattacher à elle de toute leur énergie, les raisons mêmes qui devraient les engager à la quitter. Grâce à moi, on voit ces vieux Nestors, qui ont à peine encore forme humaine, bégayant, radotant, brèche-dents, blanchis ou chauves, et, pour emprunter le reste de ma description à Aristophane, sordides, cassés, ridés, glabres et impuissants ; grâce à moi, dis-je, on les voit encore prendre plaisir à la vie et vouloir paraître jeunes. L'un fait changer en ébène les neiges de son chef, l'autre cache son crâne pelé sous des cheveux d'emprunt. Celui-ci se garnit la bouche avec les dents d'autrui ; celui-là meurt d'amour pour une jouvencelle, et lui marque plus d'extravagance que n'importe quel jeune fils. Qu'un vieillard épouse sur le bord de la tombe une péronnelle sans sou ni maille, qui fera le bonheur des autres, c'est chose si commune de nos jours, qu'on s'en vante pour ainsi dire. Mais ce qui, à tout prendre, est bien plus divertissant, c'est de voir ces vieilles que leur longévité semble avoir retranchées depuis longtemps du nombre des humains, ces faces cadavériques qu'on dirait échappées des enfers, vanter sans cesse les douceurs de la vie ! Elles brûlent, et lascives comme des chèvres, elles en arrivent à payer quelque nouveau Phaon qui apaise leurs ardeurs. Se plâtrer le visage, passer des journées entières devant leur miroir, et chercher à réparer les outrages que les années ont faits à leurs appas les plus secrets, c'est là toute leur vie. Elles n'épargnent rien pour réveiller la vigueur de leurs amants. Elles étalent complaisamment leurs antiques mamelles dans toute leur flaccidité, chevrotent de leur voix cassée quelque ballade à la mode, banquettent et dansent comme les jeunes filles, et, comme elles, envoient des poulets à leurs soupirants. Tout le monde se moque de ces vieilles amoureuses comme de folles insignes, et tout le monde a raison. Mais que leur importe, elles n'en nagent pas moins dans les plaisirs et s'enivrent à longs traits de l'ivresse que je leur verse. Que ceux qui leur jettent la pierre me disent s'il ne vaut pas mieux jouir ainsi de sa folie que d'être sans cesse occupé à chercher une poutre où se pendre.

Cette manière de vivre n'a pas, je le sais, l'entière approbation du public ; mais cela touche peu mes fous ; le déshonneur ne les atteint guère, ou du moins ils n'en ressentent pas longtemps la blessure. Qu'une pierre leur tombe sur la tête, voilà ce qu'ils appellent un mal ; mais la honte, l'infamie, le déshonneur, les injures ne nuisent qu'à ceux qui y prêtent attention. Un mal n'est pas un mal pour qui ne le sent pas. Tout le monde te siffle, pourquoi t'en retourner si tu t'applaudis toi-même ! or, il n'y a que moi qui puisse donner une telle supériorité. J'entends bien les philosophes m'objecter qu'il suffit, peur être malheureux, d'être fou, de vivre dans l'erreur et dans l'ignorance ; mais moi je leur réponds : Vivre ainsi, c'est tout simplement être homme, et je ne vois pas vraiment pourquoi on appellerait malheureux un être qui vit conformément a sa naissance, à son éducation et à sa nature, et ne subit en définitive que le sort commun à tous. Tout ce qui reste dans la condition que lui a marquée la nature ne saurait être malheureux, à moins qu'on ne trouve aussi l'homme à plaindre de ne pas voler comme l'oiseau, de ne pas marcher à quatre pattes comme le quadrupède, ou encore de n'avoir pas le front armé comme le taureau. Autant vaudrait dire qu'un beau cheval est malheureux parce qu'il ignore la grammaire et ne se nourrit pas de petits pâtés, ou que le sort du taureau est déplorable parce qu'il ne peut apprendre les exercices du gymnase. L'homme n'est pas plus à plaindre d'être fou que le cheval de n'être pas grammairien, parce que la folie est inhérente à la nature humaine. Mais après cette superbe démonstration n'allez pas croire que nos adversaires soient à bout d'arguments. À l'homme seul, disent-ils, appartient la connaissance des sciences et des arts, afin qu'avec leur secours, son esprit puisse suppléer à ce que la nature lui a refusé d'autre part. De bonne foi, cet argument a-t-il même l'apparence de la vérité ? Quoi ! la nature n'aurait déployé sa prévoyance qu'en faveur des insectes, des plantes et des fleurs, en leur accordant tout ce qui leur est nécessaire, et elle aurait oublié l'homme à ce point qu'il lui faudrait trouver de lui-même ces sciences et ces arts indispensables à son bonheur ? Dites plutôt que ce Thaut, ce génie malfaisant, ennemi de l'espèce humaine, ne l'a doté de ces sciences et de ces arts que pour qu'ils fissent son tourment. C'est là une opinion pleine de sagesse, que partageait certain roi cité par Platon, qui condamnait comme une mauvaise chose l'invention de l'alphabet. Concluons donc que ces sciences vaines ont été introduites sur la terre avec le reste des fléaux de l'humanité par les démons, dont le nom tiré du grec veut dire savants. Les bonnes gens de l'âge d'or, sans s'inquiéter de tout cet inutile savoir, vivaient en suivant leurs instincts. À quoi leur aurait servi la grammaire, puisqu'ils ne parlaient qu'une seule langue et ne la parlaient que pour se faire comprendre ? Qu'auraient-ils fait de la dialectique, ils n'avaient pas de discussions ni de disputes ? De la rhétorique ils ne se souciaient guère, car ils n'avaient pas de procès ; encore moins de la jurisprudence, puisqu'ils ignoraient les mauvaises mœurs qui seules ont donné naissance aux bonnes lois. Profondément religieux, ils repoussaient cette curiosité sacrilège qui engage l'homme à mesurer les distances des astres, à calculer leurs révolutions et leurs influences ; en un mot, à chercher la cause des choses. Ils étaient persuadés que l'homme ne peut franchir sans crime les bornes que la nature a mises à son savoir. Quant à s'enquérir de ce qui se passe au delà du ciel, c'était une extravagance qui ne pouvait même pas leur venir à l'esprit.

L'innocence de l'âge d'or se perdit peu à peu, et les sciences furent inventées par un génie malfaisant, comme je viens de vous le dire. En petit nombre d'abord, elles n'étaient cultivées que par fort peu de gens. Plus tard, la superstition des Chaldéens, la frivolité des Grecs, multiplièrent ces supplices de l'esprit, dont un seul, la grammaire, suffit pour mettre à la torture la vie entière d'un homme. De toutes ces sciences, les plus utiles, sans contredit, sont celles qui se rapprochent le plus du sens commun, c'est-à-dire de la Folie. Les théologiens meurent de faim, les physiciens se morfondent, on se moque des astrologues, on fuit les logiciens ; seul, le médecin est plus couru que tous les autres ensemble. Qu'il soit ignorant, audacieux, irréfléchi, c'en est assez pour que tout le monde ait confiance en lui, voire même les plus huppés. Du reste, la médecine, surtout comme la plupart de nos docteurs la pratiquent aujourd'hui, n'est plus que l'art de plaire à son malade, et à ce point de vue elle a quelques rapports avec la rhétorique.

Ceux qui viennent dans la faveur du public immédiatement après les médecins, ou pour mieux dire sur le même rang qu'eux, sont certainement les légistes, bien que les philosophes (je n'oserai prendre sur moi la responsabilité de cette opinion) regardent leur science comme une ânerie et s'en moquent sans réserve. Ce sont cependant ces ânes qui règlent les grandes et les petites affaires de la vie, et arrondissent chaque jour leur avoir, tandis que les théologiens qui portent dans leur tête les secrets de Dieu, mangent tristement leurs fèves, tout en faisant la guerre à la vermine qui les ronge.

Puisqu'il est prouvé que les sciences, qui donnent le plus de bonheur à ceux qui les cultivent, sont précisément celles qui ont le plus d'affinité avec la folie, il est clair que ceux-là sont de beaucoup les plus heureux, qui s'étant abstenus de tout commerce avec la science, ont pris pour guide la simple nature, qui n'a jamais égaré personne, pourvu qu'on agisse dans la sphère d'action attribuée à l'humanité. La nature a horreur de tout ce qui la déguise, et ses productions les plus parfaites sont celles où l'art fait complètement défaut.

Les animaux, qui sont tout à fait étrangers à toutes connaissances et ne suivent d'autre loi que la nature, ne sont-ils pas heureux de tous points ? Y a-t-il rien de plus fortuné et de plus admirable que le peuple des abeilles ? Bien qu'elles n'aient pas les sens de l'homme, ne le surpassent-elles pas en architecture ? Leur république n'est-elle pas mieux constituée que toutes les utopies des philosophes ? Le cheval, au contraire, qui jouit sensiblement du même organisme que l'homme, et vit à peu près la même vie, ne partage-t-il pas les maux qui l'affectent ? Au milieu de la bataille, pour éviter la défaite, il se rompt les flancs ; ou bien, en plein triomphe, il est frappé et mord la poussière à côté de son maître expirant. N'oubliez pas non plus ce frein qu'il lui faut ronger, ces éperons qui le déchirent, l'écurie où il est emprisonné, les fouets, les houssines, les brides, les sangles, le harnais, le cavalier et tout l'appareil de la servitude à laquelle il s'est soumis volontairement autrefois, lorsqu'à l'exemple de tant de héros il sacrifia tout pour se venger ! Oh ! qu'elle est préférable l'existence de la mouche et de l'oiseau dans son indépendance, lorsque toutefois ils échappent aux pièges de l'homme ! Enfermez dans une cage l'habitant de l'air, apprenez-lui à imiter la voix humaine, aussitôt il perd toute grâce et toute beauté. Tant il est vrai que la simplicité native est au-dessus des productions de l'art ! Aussi ne saurais-je trop vous citer le coq de Lucien, lequel, grâce à la métempsychose avait été d'abord philosophe sous la figure de Pythagore, puis tour à tour homme, femme, roi, simple particulier, poisson, cheval, grenouille, éponge même, si je ne me trompe, et qui après avoir tout vu, n'en retint pour seule certitude, que de tous les animaux l'homme était le plus mal partagé, parce que les autres se contentent de leur sort, tandis que lui ne cherche qu'à franchir les limites que la nature a tracées à ses facultés. Ce même philosophe ne cachait pas sa préférence pour les ignorants et les idiots ; pour lui, Grillus, lorsque Circé l'eut changé en porc, avait été plus avisé que l'astucieux Ulysse lui-même, puisqu'il avait mieux aimé continuer à grogner tranquillement à l'étable que d'aller avec le héros d'Ithaque courir de nouveaux dangers. Homère, le père des fables, semble partager cette opinion. Il appelle sans cesse les hommes malheureux et infortunés, il ne marchande pas l'épithète de lamentable à Ulysse, qu'il nous donne pourtant comme le type de la sagesse. Cette même épithète, jamais il ne la donne aux Achille, aux Ajax, aux Pâris, qui tous ont l'honneur d'être fous. Et pourquoi, s'il vous plaît, cette différence ? Pourquoi ? c'est qu'Ulysse, si fertile en ruses, ne faisait rien sans Minerve, et que, trop sage, il ne s'abandonnait pas assez à la nature.

Je le répète, les hommes s'éloignent d'autant plus du bonheur qu'ils possèdent plus de sagesse, et, deux fois fous alors, ils oublient leur condition d'hommes, pour entasser leurs sciences les unes sur les autres, et vouloir détrôner les dieux à l'exemple des Titans ; d'où il faut conclure que les moins malheureux sont ceux qui cherchent à se rapprocher davantage de l'ineptie des brutes, et n'essayent rien au-dessus des forces humaines. Voyons un peu si, sans employer les enthymèmes des Stoïciens, je pourrai vous prouver cela par quelque bon exemple bien saisissable.

Par les dieux immortels ! connaissez-vous rien de plus heureux que ceux-là, justement, à qui le vulgaire jette comme autant d'injures, les beaux noms de fou, d'extravagant, d'insensé, d'idiot. De prime abord, je l'avoue, ma proposition peut sembler tant soit peu absurde ; elle peut pourtant parfaitement se justifier, comme vous allez voir. Et d'abord, tous ces gens-là ne craignent pas la mort, ce qui n'est pas selon moi un mince avantage ; puis, le remords ne trouble pas leur conscience ; la peur de l'enfer, des spectres et des revenants n'a pas prise sur eux ; et les craintes comme les espérances de l'avenir les laissent insensibles. Ce n'est pas tout, ils ne connaissent aucun de ces mille maux qui torturent la vie humaine, ils n'ont ni honte, ni timidité, ni ambition, ni jalousie, ni amour ; et même s'ils réussissent à atteindre à l'entière stupidité des brutes, ils ont l'avantage, au dire des théologiens, d'être impeccables. Ô sage trois fois fou ! récapitule, s'il te plaît, les inquiétudes qui déchirent jour et nuit ton âme ; rassemble en un seul monceau les tourments de ta vie, et dis-moi si je ne suis pas une vraie providence pour mes fidèles ! Ils n'ont pas seulement le mérite d'être toujours joyeux, toujours s'ébaudissant, chantant ou riant ; ils répandent encore la joie autour d'eux, comme s'ils avaient reçu des immortels la mission d'égayer les tristesses de la vie. Aussi, tandis que les hommes montrent pour leurs semblables des dispositions si différentes, ils sont unanimes pour accueillir mes fous à bras ouverts ; on les recherche, on les aime, on les choie, on leur vient en aide au besoin, sans compter qu'on leur passe tout ce qu'ils peuvent dire ou faire. Personne ne songe à leur nuire, les bêtes elles-mêmes les respectent comme si elles avaient naturellement conscience de leur innocuité. Les fous sont sous la sauvegarde des dieux, et avant tout sous la mienne ; c'est là un privilège que personne n'ose leur contester.

Ce n'est pas tout : les princes, même les plus grands, goûtent si fort mes protégés, qu'ils ne peuvent ni manger, ni se promener, ni rester une heure entière sans leurs bouffons en titre. Ils vont même jusqu'à les préférer de beaucoup aux philosophes grondeurs, qu'ils entretiennent par vanité : ce qui, selon moi, est facile à comprendre, puisque ces prétendus sages ne leur donnent en retour qu'une stérile gravité, et qu'ils vont même, tant ils sont pleins de leur science, jusqu'à blesser leurs oreilles par de dures vérités. Mes fous, au contraire, portent partout avec eux ce qu'à la cour on goûte le mieux, jeux et gaieté, bons mots et plaisirs. Au reste, une qualité, qui n'est certes pas à dédaigner, se retrouve chez eux au plus haut point ; je veux parler de leur tant belle sincérité. Or, qu'y a-t-il de plus beau que la vérité ? — Platon, dans son Banquet, fait dire à Alcibiade que la vérité se montre surtout dans l'ivresse et dans l'enfance ; je n'en soutiens pas moins qu'elle est avant tout mon apanage, car comme le dit fort bien Euripide : « Le fou dit des folies ; son cœur, son visage et sa bouche sont toujours d'accord ». Tel n'est point le sage, c'est encore Euripide qui le dit : « Le sage a deux langues, l'une qui dit la vérité, l'autre qui parle le langage des circonstances. » C'est à lui que revient la palme pour changer le blanc en noir, pour souffler tour à tour le froid et le chaud, et receler dans son cœur le contraire de ce qu'il met dans ses discours.

On se plaît à vanter le bonheur des rois, mais ils me semblent vraiment à plaindre, de n'avoir près d'eux personne qui leur dise la vérité, et de ne pouvoir choisir leurs amis que parmi les flatteurs. À cela on me répondra que les princes n'aiment pas la vérité et que c'est là ce qui leur fait fuir la société des sages ; ils craignent toujours que l'un d'eux, plus hardi que les autres, ne s'ingénie à leur dire plutôt des choses vraies que des choses agréables. La vérité, j'en conviens, est odieuse aux rois, mais c'est ce qui rend d'autant plus remarquable le plaisir avec lequel ils acceptent de mes fous, je ne dirai pas des vérités, mais de belles et bonnes injures. Le même mot qui, dans la bouche d'un sage, eût été un crime capital, devient dans la leur plaisanterie pleine de charmes. La vérité, lorsqu'elle ne blesse pas, a la vertu native de plaire ; or aux fous seuls les dieux ont accordé le privilège de la dire sans blesser. C'est par cette raison ou quelque chose d'approchant, que les fous réussissent si bien près des femmes, toutes portées par nature, comme chacun sait, aux plaisirs et aux futilités. Les femmes, du reste, trouvent un véritable avantage dans ce genre de commerce ; elles font passer comme jeux et badinages tout ce qu'elles se permettent avec eux, bien que souvent ce soit en fait, pour elles, tout ce que la vie a de sérieux. Mais elles sont si ingénieuses, surtout lorsqu'il s'agit de pallier leur sottise !

Revenons au bonheur des fous et récapitulons : ils passent leur vie au milieu des plaisirs ; sans crainte comme sans pressentiment de la mort, ils s'envolent droit aux Champs-Élysées, où ils amusent encore la sainte oisiveté des âmes pieuses. Rapprochons de cette destinée celle de tel sage qu'il vous plaira. Prenons ce philosophe qui a flétri son enfance et sa jeunesse par l'étude de toutes sciences ; qui a usé la plus belle partie de sa vie à veiller, réfléchir et travailler. Le plaisir, il n'y a jamais goûté ; toujours sobre, toujours pauvre, jamais gai, jamais affable, dur et inflexible pour lui-même, sévère et sans indulgence pour les autres ; pâle, maigre, valétudinaire, presque aveugle, il sent la vieillesse et ses infirmités s'avancer avant l'heure prescrite, et avant l'heure aussi, il sort de la vie, bien qu'à vrai dire la mort doit assez peu importer à qui n'a jamais vécu. Voilà pourtant la biographie d'un sage !

Mais j'entends coasser les grenouilles du Portique. Rien au monde, objectent-elles, n'est plus triste que la démence ; or, de la folie à la démence, il n'y a pas un doigt ou plutôt c'est la même chose. Car la démence n'est, comme la folie, qu'une aberration perpétuelle de l'esprit. — Grenouilles, mes amies, vous battez la campagne, et sans plus tarder, avec l'aide des Muses, je vais pulvériser votre syllogisme. — Socrate, dans Platon, nous montre comment, à l'aide d'une distinction, on peut trouver deux Vénus dans une Vénus, et deux Cupidons dans un seul ; nos dialecticiens auraient dû faire la même distinction dans la démence, si au moins ils voulaient en paraître indemnes. Toute démence n'est pas funeste ; sans cela, Horace n'aurait pas dit : « Mon esprit est frappé d'une aimable démence. » Platon n'aurait pas placé parmi les meilleures choses de ce monde l'exaltation des poètes, des prophètes et des amants, et la Sibylle dans Virgile n'aurait pas qualifié d'insensés les travaux du pieux Énée. Donc, il y a deux espèces de démence : l'une, que les Furies, en agitant leurs serpents, répandent sur la terre ; celle-ci allume les fureurs de la guerre, attise la soif insatiable de l'or ou l'amour honteux et criminel : c'est elle qui pousse au parricide, à l'inceste, au sacrilège et aux autres crimes, et qui allume de ses torches vengeresses les remords dans les âmes coupables. Mais il en est une autre qui en diffère essentiellement. C'est une émanation de ma bienveillance pour l'espèce humaine. Elle se manifeste par une illusion agréable de l'âme, qui en efface les soucis, et la plonge dans un torrent de voluptés. C'est cette illusion que, dans une lettre à Atticus, Cicéron demandait aux dieux bienfaisants, pour devenir insensible aux malheurs qui l'accablaient ; c'était elle que regrettait ce Grec lorsqu'on l'eut guéri ; lui qui, auparavant, assis tout seul au théâtre des journées entières, riait, applaudissait, trépignait, parce qu'il s'imaginait voir jouer devant lui les plus belles pièces du monde, bien qu'il n'en fût rien en réalité. Au demeurant notre homme se comportait sagement aux choses de la vie ; bon ami, bon époux, bon maître, il n'entrait pas en fureur pour une bouteille décachetée. Lorsque sa famille, à force de remèdes, l'eut rendu à la raison : « Ô mes amis, dit-il, en m'arrachant à mon rêve heureux vous m'avez fait mourir ! Vous ne m'avez pas guéri, vous m'avez enlevé la plus douce des illusions ! » Et cet homme avait raison ; ceux-là seuls étaient dans l'erreur et méritaient de boire l'ellébore, qui avaient considéré comme un mal justiciable de la médecine son heureuse et paisible folie.

Remarquez que je n'ai jamais prétendu qu'il fallait donner indistinctement le nom de démence à toutes les aberrations des sens et de l'esprit. Qu'un homme ait la berlue, qu'il prenne un mulet pour un âne, et admire comme un chef-d'œuvre une méchante rapsodie ; on ne peut dire qu'il est en démence. Au lieu qu'on pourra l'affirmer sans scrupule d'un homme qui, trompé non-seulement par ses sens mais encore par son jugement, vit dans une sphère d'illusions qui lui est particulière ; tel serait, par exemple, l'individu qui, aux braiments d'un âne, affirmerait entendre des accords ravissants, ou encore celui qui, né pauvre et dans un rang infime, se prendrait pour Crésus, roi des Lydiens. Ce genre de folie, quand il est tourné à la gaieté, comme cela arrive le plus ordinairement, fait tout à la fois les délices de ceux qui en sont atteints et de ceux qui en sont témoins, bien que fous eux-mêmes à un moindre degré. Il est, au reste, bien plus commun qu'on ne le pense ; le fou rit du fou et chacun procure du plaisir à son voisin ; et il n'est pas rare de voir un maître fou s'amuser aux dépens de qui l'est moins que lui.

Je vous en donne ma parole, le suprême bonheur est de réunir en soi toutes les nuances de la Folie ; pourvu cependant qu'on ne s'écarte pas trop de l'espèce de Démence qui est de mon essence même. Celle-là, vous le savez, est si répandue, que je doute fort qu'il y ait de par le monde un homme d'une sagesse si continue, qu'il ne ressente de temps à autre quelques petits accès. La différence entre les deux genres de démence dont nous parlons consiste en ceci : l'un prend une citrouille pour une femme et reçoit sans conteste le nom d'insensé ; l'autre, bien qu'il partage sa femme avec ses amis, ne l'en regarde pas moins comme une Pénélope et ne cesse de vanter son bonheur ; dans le monde, cette erreur ne le fera pas baptiser fou ; son cas est trop fréquent ; il a tant de confrères parmi les maris !

Au rang de mes féaux, il faut mettre encore ces chasseurs intrépides, pour qui courre les fauves dans les bois est le plaisir suprême. Ils se pâment aux sons rauques du cor et aux aboiements de leur meute ; et je ne doute pas qu'ils ne flairent comme baume la fiente de leurs chiens. Quel bonheur de déchirer la proie ! Dépecer un taureau ou un mouton, c'est bon pour un manant ; mais un cerf, on ne saurait être trop bon gentilhomme pour l'éventrer. À genoux, la tête nue, le victimaire, armé d'un couteau réservé à cet usage (ce serait un sacrilège d'en employer un autre) démembre la bête, selon un cérémonial et des rites sacrés. Autour de lui, la foule silencieuse suit toujours avec le même intérêt, comme s'il était nouveau, ce spectacle auquel elle a assisté cent fois. Heureux qui peut goûter à pareille venaison, c'est pour lui un titre de noblesse ! Tant de courses et de ripailles finissent bien par faire de nos chasseurs des espèces de bêtes sauvages, mais à les en croire, cette existence n'en est pas moins la seule digne des rois.

On peut ranger dans la même classe de fous ces bâtisseurs éternels qui passent leur vie à changer les carrés en ronds et les ronds en carrés ; ils édifient sans trêve ni cesse, si bien qu'un beau jour, ruinés de fond en comble, il ne leur reste ni gîte ni pain. — Qu'importe, au moins ils ont passé agréablement quelques bonnes années.

Près d'eux se placent ces autres maniaques qui s'imaginent, au moyen des mystères de la science nouvelle, changer la nature des choses, et poursuivent par terre et par mer je ne sais quelle quintessence chimérique. J'ai nommé les alchimistes. L'espérance les allèche si bien que rien ne les rebute, ni travaux ni dépenses ; sans relâche, ils cherchent quelque invention qui les aide à se duper eux-mêmes, et cela dure jusqu'à ce que, leur fortune ayant fondu dans leurs creusets, ils n'ont plus même de quoi établir un seul fourneau. Leur désastre ne les empêche pas de nourrir de doux rêves : ils tournent alors toute leur énergie à encourager les autres à rechercher pareille félicité. Cette ressource vient-elle aussi à leur manquer, ils se consolent en disant avec le poète que dans les grandes choses, il suffit d'avoir osé. Si mieux n'aiment encore s'en prendre à la brièveté de la vie, qui ne leur a pas permis de mener à bien une si grande affaire.

Les joueurs me donnent quelques scrupules, j'hésite à les placer au nombre de mes sujets. Je sais bien que rien n'est plus fou ni plus ridicule à voir que la manie de ces forcenés, dont le cœur palpite et bondit au seul bruit des dés. Enivrés par les promesses de cette syrène qu'on nomme l'espérance, ils brisent leur vaisseau sur un écueil plus terrible que le cap Malée, et nus, sans ressources ils en arrivent à demander leur subsistance à la filouterie ; mais en ayant bien soin toutefois d'épargner leurs tours à celui qui les a ruinés, tant ils craignent de passer pour des joueurs peu délicats ! — La plaisante chose encore que ces vieillards qui chaussent leurs bésicles pour jouer ; et qui, lorsque la goutte vengeresse leur noue les doigts payent une main étrangère qui batte le cornet pour eux ! Tout cela ne manque pas de charme, je dois l'avouer, malheureusement comme presque toujours l'amour du jeu dégénère en rage, il est plutôt du ressort des Furies que du mien.

Mais il en est d'autres qui sont incontestablement de mon bord. Ce sont ceux-là qui se délectent à écouter ou à raconter les miracles et les prodiges les plus incroyables. Ils ne peuvent se rassasier de ces fables, pourvu qu'elles soient bien grossières, et qu'il y soit question de spectres, de lutins, de revenants, d'enfer et d'autres choses de même farine. Plus elles s'éloignent de la vérité, plus elles sont acceptées facilement par nos gens ; plus elles leur chatouillent agréablement l'oreille. Et il ne faut pas croire que ces balivernes n'aient d'autre but que d'amuser un peu le bon public ; non pas, elles ont des résultats plus positifs pour la marmite des prêtres et des moines. Dans la même classe, on ne doit pas omettre et ces nigauds qui s'imaginent, follement peut-être, mais non sans agrément selon moi, qu'ils ne pourront périr dans le jour où ils ont entrevu quelque statue ou tableau de saint Christophe, ce Polyphème chrétien ; et ces soudards superstitieux, qui se croient invulnérables parce qu'ils ont salué sainte Barbe des paroles prescrites ; et encore ces naïfs qui, pour avoir à certains jours gratifié saint Érasme de petits cierges et de petites prières, espèrent que bientôt ils deviendront fort riches. De ceux-là, il ne faut pas non plus séparer ces autres pour qui saint Georges remplace Hercule et même Hippolyte ; qui ornent son cheval de boucles et de harnais précieux, et, s'ils ne l'adorent pas tout à fait, cherchent du moins à se le rendre favorable par des offrandes. Si on les en croyait, les rois seuls peuvent jurer par son casque !

Il y aurait bien d'autres choses à dire de ces personnages qui bercent le peuple avec ces prétendues indulgences, qu'ils se sont fabriquées à eux-mêmes, et qui mesurent, comme avec une clepsydre, la durée du purgatoire ; siècles, années, mois, jours et heures, ils calculent tout sans une minute d'erreur et avec une précision mathématique. Je me borne aussi à indiquer ces imbéciles qui, sur la foi de formules et de prières magiques qu'un pieux imposteur a trouvées pour le bien des âmes ou pour escroquer des écus, ne se promettent rien moins que richesses, honneurs, plaisirs, bonne chère, santé inaltérable, longue vie et verte vieillesse, voire même une place au ciel à la droite du Christ ; dernier avantage dont cependant ils ne veulent user que le plus tard possible, c'est-à-dire lorsque, malgré eux, ils auront été enlevés aux plaisirs de ce monde, auxquels ils se cramponnent de toutes leurs forces. Alors, et alors seulement, ils consentent à goûter la félicité des élus !

Mentionnons en passant le marchand, le soldat ou le juge qui, distrayant de ses rapines une obole pour l'Église, est persuadé qu'il a, par cela seul, purifié toutes les souillures de sa vie : parjures, débauches, ivresses, batteries, meurtres, impostures, perfidies, trahisons ; tout est, selon lui, racheté en bonne et due forme ; si bien racheté qu'il se croit autorisé à recommencer sur de nouveaux frais.

Il est difficile de trouver d'animaux plus fous et partant plus heureux que ces gens qui se promettent mieux que la béatitude éternelle s'ils récitent chaque jour sept versets des psaumes sacrés ; — recette qu'un diable facétieux indiqua, dit-on, à saint Bernard ; pauvre diable plus étourdi que rusé, puisqu'il trouva son maître. — Ces pratiques si saugrenues, que j'en rougis moi-même, ne trouvent pas cependant crédit seulement auprès du populaire ; elles ont encore l'entière approbation de vos docteurs en théologie. À ce genre de folie se rattachent ces divinités particulières que chaque pays érige en patrons. Elles ont leur puissance particulière, comme leur culte particulier ; l'un guérit le mal de dents, l'autre assiste les femmes en travail d'enfants, celle-ci fait découvrir les voleurs, celle-là secourt les naufragés, tandis que cette dernière protège les troupeaux ; et ainsi des autres, car il serait trop long de les passer toutes en revue. Il en est même qui cumulent plusieurs de ces spécialités ; de ce nombre est la Vierge, mère de Dieu, à qui le peuple attribue pour ainsi dire plus de puissance qu'à son fils.

Que demande-t-on à ces déités ; ne sont-ce pas toutes choses qui ont avec la folie le plus intime rapport ? Voyez, parmi tant d'ex-voto appendus aux murs et jusqu'aux voûtes des temples, en trouvez-vous un seul qui ait été offert en reconnaissance de la guérison d'une folie ou de l'acquisition d'un grain de sagesse ? Point du tout. Là, c'est un naufragé qui s'est sauvé à la nage ; ici, un soldat qui a survécu à une affreuse blessure ; l'un, au fort de la bataille, laissant ses compagnons s'en tirer sans lui, a pris la fuite avec non moins de bonheur que de courage ; l'autre, déjà hissé à la potence, a pu, grâce à l'intervention d'un saint ami des gens de son métier, se soustraire si bien à la corde, qu'il a recommencé de plus belle à décharger les passants de l'excédant de leur monnaie. Celui-ci a forcé sa prison et s'est évadé ; celui-là, malgré son médecin, s'est remis de sa fièvre ; tout près, c'est un mari qui n'a trouvé dans le poison qui devait le tuer qu'un simple laxatif, au grand dam de sa femme, qui y a perdu ses peines et son argent ; plus loin, c'est un Phaéton qui, tout en versant son char, a cependant ramené sains et saufs ses chevaux à l'écurie ; son voisin de droite, pour avoir été enseveli sous des ruines, n'en est pas moins bien portant ; son voisin de gauche rend grâces de s'être tiré sans encombre des mains d'un mari qui l'a surpris. Tout cela est bel et bon ; mais il n'en est pas un seul qui remercie d'avoir été privé de sa folie ! Et c'est bien naturel, il est si doux de n'être pas sage, que de tous les biens, c'est le dernier que les mortels consentent à perdre !

Mais pourquoi m'aventurer sur cet océan des superstitions ? Non, comme dit Virgile ou à peu près, quand même j'aurais cent voix, un larynx de fer, il me serait impossible d'esquisser toutes les nuances de cette folie et d'en rappeler les noms ! C'est qu'en effet, l'existence d'un chrétien, quel qu'il soit, est émaillée de nombre d'extravagances de cette sorte, admises et entretenues avec soin par les prêtres, qui y trouvent sans peine leur profit.

Au milieu de pareilles gens, figurez-vous un fâcheux qui vienne proclamer des maximes dans le goût de celles-ci : « Ta mort sera bonne si ta vie l'a été. — Pour racheter tes péchés, il est nécessaire d'ajouter à ton obole, la haine du mal, le repentir, les veilles, les méditations, les jeûnes, en un mot, de changer complètement ta manière de vivre. — Si tu veux te rendre un saint propice, imite sa vie, il n'y a rien d'autre à faire. » — Comprenez-vous combien de semblables principes troubleraient le bonheur des mortels et amèneraient de perturbations dans les consciences ?

Au même degré de folie que ceux qui précèdent, nous devons placer les individus qui, de leur vivant, règlent avec le plus grand soin les cérémonies de leurs funérailles. Ils ne négligent rien ; le nombre des cierges, des manteaux de deuil, des chantres, des pleureurs ; tout est prévu, comme s'ils devaient jouir en personne de tant de pompe, ou que les morts rougissaient de voir leurs cadavres pauvrement enfouis. On dirait des édiles chargés de préparer des jeux et des festins à leurs concitoyens !

Bien que le temps me presse, je ne puis cependant refuser une mention à ces autres fous qui, avec une âme de boue, se placent au-dessus des humains, grâce à quelque vain titre nobiliaire : à les en croire, ils descendent, qui d'Énée, qui de Bacchus, qui du roi Arthus. Chez eux, dans tous les coins, s'étalent les statues de leurs ancêtres. Sans cesse, ils ont à la bouche leur généalogie et les titres antiques de chacun. Quant à eux, plus stupides que les statues qu'ils exposent, ils n'en mènent pas moins dans leur gloriole une vie pleine de charmes, car il se trouve des gens assez fous pour révérer ces imbéciles à l'égal des dieux.

Il est difficile de se borner à un ou deux exemples, quand il est avéré que l'amour-propre a mille moyens de donner le bonheur. Un singe est moins laid que tel personnage, il ne s'en trouve pas moins beau pour cela, au contraire ; tel autre sait à peine tracer un cercle avec un compas, qui se croit un Euclide ; tandis que son voisin harmonieux comme un âne qui joue de la lyre, s'égale à Hermogène, parce qu'il parvient à tirer de son gosier la voix perçante du coq.

Mais il y en a qui laissent bien loin d'eux tous ceux dont nous

nous sommes occupés jusqu'ici ; je veux parler de ces pirates qui exploitent au profit de leur propre gloire les moindres talents de ceux qui les entourent. Ils ressemblent à ce richard dont parle Sénèque, qui, s'il s'agissait de conter une anecdote, avait sous la main un complaisant qui lui soufflait les mots, et entrait résolument dans l'arène, s'il s'agissait d'une lutte, parce qu'il était assuré du concours de ses esclaves.

Où il fait surtout bon observer l'amour-propre, c'est près de ceux qui cultivent les beaux-arts ; plutôt que de douter de leur génie, ils renonceraient volontiers à leur patrimoine. Chez eux tous, mais surtout chez les comédiens, les musiciens, les orateurs et les poètes, l'orgueil, la jactance et la morgue sont en raison directe de l'ignorance. Ce qui ne les empêche pas de trouver chaussure à leurs pieds, car il ne faut jamais l'oublier, une chose a d'autant plus d'admirateurs qu'elle est plus inepte ; par l'excellente raison que la majorité des hommes se compose de fous. Donc si l'ignorance jouit du double privilège de plaire à chacun en particulier et d'attirer, en outre, l'admiration générale, à quoi bon viser au vrai savoir ; ce savoir qui coûte tant à acquérir, qui rend pédant et timide, et rencontre si peu d'appréciateurs ?

Il est remarquable que l'amour-propre n'est pas seulement le partage des individus, chaque nation, chaque ville en a sa dose spéciale. Les Anglais se font orgueil de leur beauté, de leur goût pour la musique et de la magnificence de leurs festins. Fiers de leur noblesse et de leur origine toujours royale, les Écossais se donnent avant tout pour les plus subtils dialecticiens du monde...

Le Français se réserve l'urbanité des mœurs ; le Parisien, les secrets de la théologie ; l'Italie prétend tenir le sceptre de la littérature et de l'éloquence, et traite de barbares tous les autres pays ; cette douce erreur berce surtout les Romains, qui dorment toujours agréablement sur les lauriers de leurs ancêtres. La seule pensée de sa noblesse suffit au bonheur de Venise, et la Grèce, s'intitulant encore la mère des Lettres, met en avant la gloire un peu surannée de ses grands hommes. Les Turcs et les sauvages de leur espèce se prétendent les seuls vrais croyants et méprisent les chrétiens comme adonnés à des superstitions ; mais ils sont encore moins curieux que les Juifs, qui attendent patiemment leur Messie et s'en tiennent mordicus à Moïse. Les Espagnols sont fiers de leur valeur guerrière ; les Allemands de la solidité de leurs muscles et ils se piquent d'être plus profondément versés qu'hommes du monde dans les sciences occultes.

Mais nous pouvons nous arrêter ici ; je vous ai démontré aussi complètement que possible, il me semble, quelle somme de bonheur l'amour-propre répand sur les individus comme sur les masses. La Flatterie, sa sœur et compagne, lui ressemble fort ; avec cette différence toutefois que l'un se caresse lui-même, tandis que l'autre caresse autrui. Je sais bien qu'aujourd'hui la flatterie a perdu en partie son crédit près de certaines gens, qui s'attachent plus aux mots qu'aux choses ; parce que, si on les en croit, elle est incompatible avec la bonne foi. Mais il est facile de leur démontrer combien ils se trompent, ne fût-ce que par l'exemple des animaux. Connaît-on rien de plus flatteur qu'un chien, et pourtant y a-t-il rien de plus fidèle ? Est-il un être plus caressant et cependant plus ami de l'homme que l'écureuil ? Ces exemples tirés d'animaux innocents ont bien quelque valeur, il nous semble, à moins cependant qu'on n'aime mieux admettre que le tigre, le lion, le léopard, se rapprochent davantage de l'espèce humaine. Il est encore, je ne l'ignore pas, une autre sorte de flatterie hypocrite, dont la perfidie et l'ironie s'arment contre les malheureux ; mais celle qui m'est propre procède de la bienveillance et de la franchise, et est certainement plus voisine de la vertu que cette rudesse misanthrope qu'Horace flétrit si justement des épithètes de grossière et d'importune. C'est elle qui révèle l'âme abattue, charme la tristesse, ranime le découragement, éveille la stupidité, soulage la douleur, tempère la fierté, fait naître les amitiés et les rend durables ; c'est elle qui dérobe à l'enfance l'amertume de l'étude, rend la vieillesse supportable, et qui, sans les irriter, fait accepter aux princes des avis et des leçons. En un mot, la flatterie rend l'homme plus agréable et plus cher à lui-même, ce qui constitue la meilleure partie du bonheur auquel il peut prétendre.

Vous n'êtes pas sans avoir vu deux mulets se gratter réciproquement. Que de complaisance dans cette simple action ! Semblable réciprocité fait merveille entre honorables orateurs. La médecine, mais surtout la poésie, se prêtent divinement à cette pratique, qui contribue plus que toute autre à répandre quelque piquant et quelque douceur sur la vie. C'est un malheur d'être trompé, allez-vous m'objecter, et moi je vous réponds : c'est un malheur de ne l'être pas. Ceux-là sont dans une grave erreur qui font résider le bonheur dans les choses mêmes, tandis qu'il est véritablement dans l'opinion qu'on en a ; car les choses d'ici-bas offrent tant d'obscurités et de divergences, qu'il est impossible d'y connaître rien d'un peu certain, comme l'ont fort bien dit mes amis les platoniciens, les moins impertinents de tous les philosophes ; que si par hasard on découvre quelque vérité indiscutable, c'est toujours aux dépens du bonheur. L'esprit humain est ainsi fait que l'illusion a plus de prise sur lui que la réalité ; il n'est pas difficile d'en donner des preuves convaincantes. Entrez dans une assemblée, dans un temple ; le sujet est-il sérieux, tout le monde dort, bâille ou s'ennuie à mourir. Mais que le brailleur (pardon, je voulais dire l'orateur), comme il n'advient que trop souvent, se mette à débiter quelque conte de bonne femme, aussitôt l'auditoire s'éveille et il est tout oreilles. De même, si on célèbre l'anniversaire de quelque saint apocryphe et de pure invention, comme par exemple saint Georges, saint Christophe ou sainte Barbe, la foule y apportera plus de ferveur que s'il s'agissait de saint Pierre, de saint Paul ou du fils de Dieu lui-même. Mais passons à autre chose.

L'imagination est certainement la source où l'on puise le bonheur à meilleur marché ; la réalité, fût-ce même la plus légère, comme la science de la grammaire, donne tant de peine à acquérir ! L'esprit humain a naturellement la plus grande affinité pour le rêve, qui le conduit sans efforts vers des pays enchantés. Ce rustre mange son morceau de lard rance ; vous avez peine à en supporter l'odeur ; mais lui s'imagine qu'il déguste l'ambroisie ; que lui importe au fond la vérité ? Au rebours, la vue d'un esturgeon donne des nausées à cet autre ; ce poisson, malgré l'estime dont il jouit chez les gourmets, pourra-t-il être pour quelque chose dans son bonheur ? Une femme laide à faire peur paraît à son mari aussi belle que Vénus, en aurait-il plus si elle était véritablement belle à ce point ? Un quidam possède certain méchant tableau et le prend pour un Zeuxis ou un Apelles ; il ne cesse de le regarder, de l'admirer ; ne voilà-t-il pas un homme tout aussi content que le connaisseur qui aura payé au poids de l'or un tableau véritable de ces maîtres, et qui peut-être y trouvera moins de plaisir ? J'ai connu certain personnage (il porte presque mon nom) qui donna de fausses pierreries à sa nouvelle épouse. Comme il aimait la plaisanterie, il s'amusa à lui faire croire qu'elles étaient fines et d'un prix inestimable. En quoi cela, je vous prie, a-t-il touché cette jeune femme, puisque ces petits morceaux de verre charmaient ses yeux et son esprit, et qu'elle les conservait avec soin, comme s'ils eussent été un véritable trésor ? Pour le mari, il y gagnait une grande économie et jouissait, par-dessus le marché, du plaisir de tromper sa femme, qui avait pour lui la même reconnaissance que s'il avait dépensé pour elle une somme fabuleuse.

Trouvez-vous donc qu'il y avait déjà tant de différence entre ceux qui, dans l'antre de Platon, se laissent fasciner par les ombres et les simulacres des choses, sans qu'ils en désirent rien du reste, ni qu'ils soient moins contents de leur sort, et le sage qui, sorti de la caverne, voit les choses telles qu'elles sont ? Si le Myrille de Lucien avait pu éterniser le songe doré qui l'avait fait si riche, aurait-il eu rien à envier à personne ? Donc, du fou au sage, la balance est égale, ou si elle penche d'un côté, c'est en faveur du fou ; d'abord parce qu'il est heureux à peu de frais, c'est-à-dire en se persuadant qu'il l'est ; et ensuite parce qu'il partage ce bonheur avec un grand nombre de ses semblables. Jouir seul n'est pas jouir. Or, tout le monde sait combien est restreint le nombre des sages, si sages il y a. Dans le cours de plusieurs siècles, la Grèce en a compté jusqu'à sept, et par Hercule, je gage mon immortalité qu'en y regardant de près, on trouverait à peine en eux tous une demi-once, que dis-je, un quart d'once de véritable sagesse !

Le plus bel éloge qu'on fasse de Bacchus, c'est qu'il endort les soucis de l'âme. Mais ce n'est que pour un temps fort court ; car à peine le vin est-il cuvé, que les chagrins reviennent au triple galop, comme dit le proverbe.

Mes bienfaits, à moi la Folie, sont bien plus complets et plus durables. Je plonge l'âme dans une ivresse sans fin, où la joie, les délices, les enchantements se renouvellent sans cesse, et cela sans qu'il en coûte à ceux qui m'appellent à leur aide. Les autres divinités sont exclusives ; elles ont leurs favoris ; pour moi, ma protection s'étend à tous. Bacchus ne fait pas croître partout ce vin généreux qui chasse les peines et ranime l'espérance ; Vénus ne prodigue pas à tous les trésors de la beauté ; Mercure est plus avare encore des dons de l'éloquence ; les richesses ne tombent que sur quelques privilégiés d'Hercule, et les couronnes royales sur ceux de Jupiter. Mars laisse trop souvent la bataille indécise ; Apollon trop souvent aussi renvoie sans espérance eux qui sont venus le consulter. Le fils de Saturne frappe la terre de sa foudre ; Phœbus lance ses traits, qui portent au loin la peste, et Neptune engloutit plus de navigateurs qu'il n'en conduit au port. Je ne vous parle pas de ces divinités malfaisantes comme Pluton, la Discorde, les Furies, les Fièvres et toute cette séquelle hideuse, je ne dirai pas de dieux, mais de bourreaux. Seule, moi la Folie, je répands indistinctement mes bienfaits sur tous les mortels ! Vous ne me voyez pas exiger de vœux, me mettre en fureur, et demander pour m'apaiser des victimes expiatoires pour peu qu'on ait omis quelque cérémonie de mon culte. Je ne suis pas déesse à bouleverser le ciel et la terre, parce qu'on aura oublié de m'inviter à prendre ma part de la fumée d'un sacrifice ou toute la troupe céleste aura été conviée. Et sur ce point, il faut le dire les Immortels sont d'une telle susceptibilité qu'il est beaucoup plus sûr de les négliger complètement que de s'occuper d'eux. Ils ressemblent à ces gens irascibles et faciles à lasser qu'il est plus avantageux de ne pas connaître du tout que d'avoir pour amis. Je prévois que vous allez me faire une objection : « La Folie, me direz-vous, n'a pas de temples, et personne ne lui offre de sacrifices. » Par Hercule, je le sais mieux que personne, et cette ingratitude des hommes est justement ce qui m'étonne. Mais bonne, comme je suis, je ne m'en offense point, et ne désire pas même de tels hommages. Ne serais-je pas bien sotte de réclamer le sacrifice d'un grain d'encens, d'un gâteau, d'un bouc ou d'une truie, lorsqu'en tous lieux tous les mortels me rendent ce culte intérieur que les théologiens mettent au-dessus de tout autre ? Pourquoi irais-je envier à Diane le sang humain dont on arrose ses autels ; n'ai-je pas lieu d'être satisfaite quand je vois les hommes me porter dans leur cœur, m'exprimer par leurs mœurs, me fondre pour ainsi dire dans leur vie ! C'est là un genre de culte fort rare chez les chrétiens. Vous rencontrerez bon nombre de dévots, capables d'offrir un petit cierge à la Vierge, en plein midi, alors qu'elle n'en a que faire, mais vous n'en verrez guère imiter sa chasteté, se modestie et son amour des choses éternelles. C'est pourtant là le vraie dévotion, la seule agréable aux dieux. Au surplus, qu'ai-je besoin de temples, la terre entière ne m'est-elle pas consacrée, et si je ne me trompe, on se contenterait à moins ! Où je n'ai pas de dévots, c'est qu'il n'y a pas d'hommes. Je ne suis pas encore assez inepte pour désirer qu'on m'érige des statues et de misérables images ; je ne pourrais qu'y perdre, car la majorité des hommes, grossière et lourde, adore presque toujours l'image du Dieu au lieu du Dieu lui-même, de sorte que ces pauvres immortels se trouvent alors dans le cas d'un maître supplanté par son représentant. Les hommes, voilà mes statues toutes dressées et vivantes, ou je m'incarne bon gré mal gré ! Je n'ai pas même à envier aux autres dieux les fêtes qu'on leur donne à certains jours désignés dans tel ou tel coin de la terre, comme Apollon à Rhodes, Vénus à Chypre, Junon à Argos, Minerve à Athènes, Jupiter sur l'Olympe, Neptune à Tarente et Priape à Lampsaque. Que m'importe tout cela ? le monde entier m'offre à chaque instant des victimes bien autrement choisies !

Dira-t-on que j'exagère ? — Jetez un coup d'œil sur la vie des hommes ; vous allez voir ce qu'ils me doivent et en quelle estime ils m'ont tous, petits ou grands. — Il nous est impossible, vous le comprenez, de passer en revue toutes les positions ; il faut nous borner aux sommités ; mais par elles, nous pourrons juger du reste. — Je n'ai que faire de vous parler de la masse du peuple ; elle est à moi sans conteste. Chez elle, on rencontre toute espèce de folie, et elle y rapporte chaque jour de tels raffinements qu'il n'y aurait pas trop de mille Démocrites pour en rire convenablement. Bien entendu qu'en sus de ces mille il en faudrait encore un pour rire de ses confrères.

Il est difficile de se figurer quel ravissant spectacle donne aux dieux la fourmilière humaine. Il faut que vous sachiez d'abord que les Olympiens passent à jeun leur matinée à tenir leurs assemblées, souvent fort bruyantes. C'est alors qu'ils écoutent les vœux des mortels. Après le festin, lorsqu'ils ont sablé le nectar, ne se sentant plus en état de s'occuper d'affaires sérieuses, ils vont s'asseoir au plus haut de 1'Empyrée, et là, le cou tendu, ils regardent les hommes s'agiter. Quelle plaisante comédie s'offre à leurs regards ! Que de bonnes bouffonneries ! Quelles sirènes ! Que de variétés dans cet essaim de fous ; Je vous en parle savamment, puisque de temps à autre je prends place au milieu du cénacle divin.

L'un se meurt d'amour pour une coquette, et sa flamme malencontreuse s'attise en proportion des froideurs de la belle ; l'autre épouse une dot et non une femme ; ici, un mari vit de la prostitution de son obéissante moitié ; là, un jaloux poursuit la sienne des cent yeux d'Argus. Que de folies dit et tait cet héritier en deuil ! sa douleur va jusqu'à payer des gens qui versent des pleurs ; il justifie le proverbe grec : « Pleurer sur le tombeau d'une belle-mère. » Tantôt c'est un glouton qui donne à son ventre tout ce qu'il peut ramasser, au risque de mourir de faim le surlendemain ; tantôt un fainéant qui met tout son bonheur à dormir et à ne rien faire. Par ici, on voit des gens s'occuper, avec le plus grand soin des affaires des autres et négliger les leurs ; par là des prodigues qui empruntent pour payer leurs dettes et se croient riches le jour où ils font banqueroute. Puis c'est un avare qui prend pour le comble de la félicité de vivre comme un gueux à seule fin d'enrichir son héritier ; ensuite un marchand, qui, pour un gain minime et trop souvent incertain, sillonne les mers et met en péril sa vie, que tout l'or du monde ne pourrait racheter. On voit encore l'aventurier chercher fortune à la guerre, lorsqu'il pourrait vivre tranquillement eu foyer domestique ; l'intrigant calculer comment on peut s'enrichir sans peine, en circonvenant les riches célibataires, — tandis que son camarade vise un même but en faisant la cour à quelque vieille opulente. Mais quel plaisir pour les dieux quand les trompeurs deviennent dupes à leur tour !

De tous les mortels, la classe la plus folle est sans contredit celle des marchands. S'il est quelque chose de moins honorable que leur profession, c'est la façon dont ils l'exercent. Le mensonge, le parjure, le vol, la friponnerie, l'imposture, ils mettent tout en œuvre ; ce qui ne les empêche pas de se croire d'illustres personnages, parce qu'ils ont des anneaux d'or à tous les doigts. Les flatteurs ne leur manquent pas non plus, ne fût-ce que la monacaille mendiante, qui les admire et leur donne du monseigneur, à seule fin que quelque parcelle de ces biens damnablement acquis arrive dans l'escarcelle de la communauté. Il n'est pars rare non plus de rencontrer certains continuateurs de Pythagore qui sont persuadés que tout est commun ici-bas ; si bien que, pour peu qu'une chose soit mal gardée, ils n'hésitent pas à se l'approprier. Leur conscience en est tout aussi tranquille que si ça leur venait par héritage. Certains ne sont jamais riches que d'espérances, ils rêvent la fortune et cela leur suffit. D'autres épuisent leurs ressources à tromper le public, et meurent de faim à la maison. Celui-ci jette son or par la fenêtre, tandis que celui-la cherche à en amasser par tous les moyens, même les moins avouables. L'ambitieux se donne du mal pour arriver aux honneurs ; tandis que l'indolent s'ébaudit au coin de son feu. Combien n'en voyons-nous pas se lancer dans des procès qui doivent s'éterniser et batailler de ci et de là tout le long de leur route, sans autres résultats que d'enrichir un juge trop ami des remises et un avocat qui les gruge. Puis, c'est l'amour de la nouveauté, les grandes entreprises ; par exemple ces dévots personnages qui quittent femmes et enfants pour aller à Jérusalem, à Rome ou à Saint-Jacques, où ils n'ont que faire.

En somme, si, nouveaux Ménippes postés dans la lune, vous examiniez l'éternel va-et-vient de la gent humaine, il vous semblerait voir un essaim de moucherons ou de guêpes se quereller, se batailler, se tendre des embûches, se disputer des dépouilles, jouer, folâtrer, naître, tomber et mourir. On a peine à s'imaginer que tant de catastrophes puissent être amenées par ce chétif animal qui dure un jour. Car il suffit d'une bataille, d'un souffle de peste pour en anéantir des milliers à la fois !

Mais en ce moment je me montre triplement digne de toutes les moqueries de Démocrite, de vouloir compter ainsi tous les fous et en caractériser les espèces. Je veux m'en tenir à ceux qui portent dans ce monde les dehors de la sagesse et courent après le rameau d'or de la science !

Je parlerai d'abord des pédants qui enseignent la grammaire. De tous les hommes, ce serait sans contredit la classe la plus chétive, la plus à plaindre et la plus disgraciée des dieux, si je ne venais mitiger les misères de leur triste profession par des accès d'une agréable folie. Ce ne sont pas seulement cinq furies, selon le proverbe grec, mais bien mille qui les poursuivent. Toujours affamés, toujours dans la poussière de leurs écoles, que dis-je, de leurs prisons ou mieux encore de leurs étables, ces pauvres sires vieillissent avant l'âge, au milieu d'un troupeau d'enfants, assourdis par leurs cris et asphyxiés par leurs exhalaisons. Ce qui ne les empêche pas, grâce à moi, de s'estimer les premiers des hommes. Il fait beau les voir s'admirer de bonne foi ; lorsque d'un mot, d'un regard, ils font trembler leurs marmots éperdus, qu'ils les déchirent à coups de verges et de férules, et les punissent en vrais despotes à tort et à travers. Involontairement on pense à l'âne revêtu de la peau du lion. Écoutez-les ; leur crasse est la suprême élégance ; les senteurs de leur chenil ne sont que musc et ambre, leur misérable esclavage une royauté qu'ils ne voudraient pas troquer contre celle de Phalaris ou de Denys le Tyran. Leur bonheur atteint son apogée, lorsqu'ils croient avoir trouvé un nouveau mode d'enseignement. Ce qu'ils enseignent alors n'est plus qu'impertinence toute pure ; qu'importe s'ils ne s'en croient pas moins supérieurs à tous les Palémon et les Donat. Ce qu'il y a de plus remarquable chez eux, c'est leur talent de fasciner les mamans, naïves et les papas imbéciles, qui leur croient sur parole la science qu'ils se donnent. En fait d'érudition, ils se contentent de peu ; ils sont amplement satisfaits s'ils rencontrent dans quelque manuscrit vermoulu le nom de la mère d'Anchise, s'ils y découvrent un mot étrange et inconnu au vulgaire, ou déterrent quelque part un bout de pierre antique aussi fruste que possible. Oh ! alors, grand Jupiter, quelle joie ! quelle superbe ! que d'éloges ! On dirait qu'ils ont vaincu l'Afrique ou pris Babylone d'assaut. Mais leur véritable triomphe, c'est quand ils peuvent saisir l'occasion de vous débiter leurs petits vers insipides autant qu'insensés ! Pour peu qu'on les admire, ils se croient volontiers des Virgile. Rien au monde ne veut la comédie de deux de ces pédants se renvoyant les louanges et les admirations et se grattant réciproquement. Mais qu'un lapsus échappe à l'un d'eux, et que son adversaire, plus clairvoyant, s'en aperçoive, quelle tragédie alors ! quelle lutte, quels glapissements, que d'invectives ! J'appelle le courroux de tous les grammairiens si je mens d'un iota. — J'en connais un qui sait tout : grec, latin, mathématiques, philosophie, et sait tout cela à fond. Sexagénaire aujourd'hui, depuis quelque vingt ans déjà, il a mis toutes ces sciences de côté, pour se torturer l'esprit sur la grammaire. Il ne demande rien autre chose aux dieux que de lui prêter vie assez longtemps pour qu'il puisse établir clairement la distinction des huit parties du discours ; ce que, selon lui, ni Grec, ni Latin n'est pas encore parvenu à faire d'une façon satisfaisante. Ne dirait-on pas que c'est un abus capable de soulever le genre humain, que de mettre une conjonction au rang des adverbes ? — Remarquez qu'il y a autant de grammaires que de grammairiens ; mon ami Alde, pour sa part, en a donné plus de cinq. Hé bien ! pour lourdement et barbarement que ces traités soient écrits, notre homme n'en a pas laissé un seul sans le lire et le méditer ; il est jaloux du plus inepte pédant qui ait digéré quelques lignes sur cette matière ; tellement il craint de se voir enlever sa gloire et le fruit de tant d'années de travail ! Quel nom donner à cela, démence ou folie ? J'avoue que cela m'importe peu, pourvu que vous tombiez d'accord que cet animal, assez malheureux au fond, doit à mes bienfaits une félicité qu'il ne changerait pas contre le sort des rois de Perse.

Les poètes sont peut-être moins mes obligés, bien qu'ils relèvent jusqu'à certain point de moi. Enfants de la liberté, comme dit un vieil adage, toute leur affaire est d'amuser les oreilles de fous avec de pures bagatelles et des contes en l'air. Il ne leur en faut pas davantage, non-seulement pour se croire des droits à l'immortalité, mais même pour la promettre aux héros de leurs chants. L'amour-propre et la flatterie ont fort à faire avec eux, et personne ne me rend de ce côté un culte plus vrai et plus constant.

Quant aux rhéteurs, malgré quelques infidélités et leurs accointances avec les philosophes, j'ai droit de les réclamer pour miens à plus d'un titre. Sans m'arrêtez aux autres, je ne parlerai ici que de leur ardeur à écrire des traités sur l'art de plaisanter. L'auteur, quel qu'il soit, du traité à Hérennius, compte la folie parmi les moyens de plaire ; et Quintilien, le prince du genre, a composé sur le rire un chapitre plus long que l'Iliade. Les rhéteurs ont raison de compter sur la folie comme moyen oratoire. Souvent, ce que nul argument n'aurait pu ébranler se trouve renversé par un éclat de rire excité à propos ; et l'art de faire rire est bien à moi, personne ne peut le contester.

Ils sont bien encore de la même farine, ces écrivassiers qui comptent arriver à l'immortalité en faisant des livres. Tous sont mes justiciables, et particulièrement ceux qui n'écrivent que des sottises. Quant à ces savants qui ne destinent leurs ouvrages qu'à un petit nombre d'érudits et redoutent l'œil perçant de la critique, je les trouve beaucoup plus à plaindre qu'a admirer. Leur vie n'est qu'une longue torture ; toujours ajouter, changer, retrancher, remettre, forger et reforger, travailler dix ans une œuvre pour n'en être pas satisfait, est-ce vivre ? Et qu'obtiennent-ils en retour ? L'approbation de deux ou trois connaisseurs ! Ils la payent bien cher au prix de leur sommeil, ce baume de la vie ; au prix de labeurs et de tourments infinis. Ils la payent bien cher, car ces labeurs délabrent leur santé, flétrissent leur visage, affaiblissent la vue quand ils ne la détruisent pas. Ce ne serait rien encore si l'envie ne les poursuivait, si les privations et la misère ne les accablaient, amenant après elles une vieillesse prématurée et bientôt la mort. Et tout cela en définitive, pourquoi, s'il vous plaît ? pour être lu par deux ou trois chassieux !

Parlez-moi plutôt de l'auteur qui écrit sous mon inspiration. Pour celui-là, vous le voyez jeter sans méditations sur le papier tout ce qui lui vient au bout de la plume ; voire même ses rêves. Il lui en coûte bien un peu d'encre, mais il sait qu'en entassant sottise sur sottise, il augmentera le nombre de ses lecteurs, c'est-à-dire qu'il aura pour lui la foule innombrable des sots et des ignorants. Qu'a-t-il à s'inquiéter de ces deux ou trois savants qui ne le liront sans doute pas ? en tous cas, leurs sifflets isolés se perdront dans la masse des applaudissements. — Personne n'entend mieux ses intérêts que ceux qui publient sous leur nom les ouvrages d'autrui ; en copiant sans peine ils s'approprient une gloire qui a coûté d'immenses travaux à d'autres. Ce n'est pas qu'ils ignorent que leur plagiat ne se découvrira quelque jour ; en attendant, ils en bénéficient. Il faut les voir se rengorger lorsque le vulgaire les loue et les montre au passage en disant : c'est lui, lorsqu'ils contemplent leur livre étalé chez tous les libraires, et portant deux ou trois surnoms dont ils se sont baptisés ; surnoms empruntés à quelque langue étrangère et qui ressemblent à des formules magiques. Il n'y a rien là autre chose que des mots, et, encore combien y en aura-t-il qui les comprendront ; combien y en aura-t-il qui les approuveront ? Chez les ignorants comme chez les lettrés il y à une telle diversité de goûts. En général, ces noms sont forgés ou empruntés aux auteurs anciens. L'un se fait appeler Télémaque, l'autre Sténélus ou Laërte, un troisième opte pour Polycrate ou Citrouille et encore avec certains philosophes Alpha et Bêta.

Le plus divertissant de l'affaire, c'est de les voir se renvoyer mutuellement des épîtres, des vers et des panégyriques, où un sot flatte un sot, et un âne donne la réplique à un autre. — Vous êtes supérieur à Alcée, dit le premier. — Vous, réplique le second, vous valez Callimaque. — Cicéron vous cède la palme, dit l'un ; et l'autre de repartir : Platon est moins profond que vous. — Parfois ils se donnent un adversaire pour se mettre plus en relief ; alors le bon public de s'échauffer et de prendre parti pour ou contre ; tandis que les champions se prétendent vainqueurs, et chantent leur triomphe chacun de son côté. Les sages, je le sais, rient de tout cela comme d'insignes folies. En attendant, grâce à moi, tous ces fous-là sont très-heureux, et ne changeraient pas leurs triomphes contre ceux des Scipions. Mais ces sages eux-mêmes, qui se moquent volontiers de leur prochain, croient-ils donc ne me rien devoir ? Ils seraient trop ingrats s'ils osaient le nier.

Parmi les savants, les jurisconsultes prétendent tenir le haut bout, et nuls au monde ne s'en font plus libéralement accroire. Vrais Sysiphes, qui roulent sans relâche leur roc, ils torturent quelques milliers de lois sans s'inquiéter si elles ont quelque rapport avec leur affaire, et à grands renforts de gloses de citations, ils parviennent à prouver au vulgaire que rien n'est plus difficile que leur science. Pour eux, ils en mesurent le mérite au mal qu'elle leur donne. On peut ranger dans la même catégorie les dialecticiens et les sophistes, plus bruyants que les chaudrons de Dodone, et dont le moins bavard tiendrait tête à vingt commères de choix. Passe encore s'ils n'étaient que cela, mais ils sont encore querelleurs, au point qu'ils en viennent aux mains pour un fétu de paille, et pendant la lutte la vérité échappe à tous les combattants. Mais quelles puissances d'amour-propre ils se donnent ? Armés de trois syllogismes boiteux, on les voit engager le combat sur n'importe quel terrain avec n'importe quel champion. Leur opiniâtreté les rend invincibles ; ils fatigueraient le larynx de Stentor.

Ici encore se trouve la place des philosophes vénérables surtout par leurs barbes et leurs manteaux. Écoutez-les, ils s'imaginent posséder toute sagesse, le reste des hommes n'existe pas pour eux. Qu'il est délicieux, leur délire, lorsqu'ils créent dans le vide des mondes infinis, quand ils mesurent la lune, les étoiles et les globes avec autant d'aplomb que s'ils les avaient sous leur compas, ou bien encore, quand ils s'expliquent les choses inexplicables de la foudre, du vent, des éclipses et des autres phénomènes naturels ! Et n'allez pas croire qu'ils hésitent ; il semble qu'ils sont dans la confidence des architectes des mondes et qu'ils arrivent en droite ligne de leur conseil. Heureusement la nature se moque bien de leurs hypothèses. D'ailleurs aucune certitude chez eux ; je n'en veux d'autre preuve que leurs interminables disputes. Ils ne savent rien et prétendent tout savoir ; ils s'ignorent eux-mêmes et ne voient ni la fosse ouverte à leurs pieds, ni le rocher qui se dresse devant eux ; leur vue est courte et leur esprit bat la campagne. Mais parlez-leur des idées, de universaux, des formes abstraites, de la nature première, des quiddités, des eccités, ils verront à merveille toutes ces choses si ténues que Lyncée lui-même eût été bien empêché de les voir. Ils s'estiment bien au-dessus du vulgaire, parce qu'ils savent tracer des triangles, des cercles et autres figures géométriques ; les superposer les unes aux autres et les mêler en façon de labyrinthe, à moins qu'ils ne préfèrent disposer des lettres d'après un ordre convenu et les combiner de mille façons. Voilà par quels moyens ils en imposent aux ignorants. C'est parmi cette engeance que vous rencontrerez ces astrologues qui lisent l'avenir dans les astres et promettent des choses devant lesquelles les plus hardis magiciens reculeraient. Et dire qu'ils trouvent pourtant encore des gens plus fous qu'eux pour les croire !

Nous ferions peut-être bien de passer sous silence les théologiens ; il est imprudent de remuer ce ruisseau et de manier cette plante fétide. C'est une race irritable et qui n'entend pas raillerie. Il est à craindre qu'elle ne nous accable de mille conclusions, et qu'elle ne nous amène à chanter palinodie sous peine d'être taxés d'hérésie ; car ce n'est rien moins que la foudre que ces aimables gens lancent contre ceux qui ne les admirent pas. De tous les mortels, aucuns ne ressentent plus vivement mes bienfaits, et je n'en connais pas cependant qui consentent moins à l'avouer. J'ai bien pourtant quelques titres à leur reconnaissance. N'est-ce pas moi d'abord qui leur octroie cet amour-propre qui les porte au troisième ciel, d'où ils peuvent contempler avec bonheur le reste des mortels ramper sur la terre ? N'est-ce pas moi qui leur fournis ces définitions magistrales, ces conclusions, ces corollaires, ces propositions implicites et explicites, et tout cet attirail de guerre derrière lequel ils se retranchent avec tant d'adresse que les filets de Vulcain ne pourraient les enserrer ? Pas de maille si solide qu'elle puisse résister au tranchant de leurs distinguo ; ils trouvent des ressources incroyables dans des termes choisis à dessein et l'obscurité de leur langue. Il faut les entendre expliquer à leur fantaisie comment fut créé et et achevé le monde ; par quels canaux le péché originel se répandit sur la postérité d'Adam ; à quel moment la Vierge engendra le Christ ; quelle participation elle y eut ; combien de temps elle le porta dans son sein ; ou mieux encore, comme quoi les accidents subsistent sans substance dans l'Eucharistie. Mais tout cela est bien rebattu ; voici d'autres questions plus dignes des grands théologiens, des illuminés, comme ils disent, et qui ont le privilège de faire dresser l'oreille aux plus blasés ; « Est-ce qu'il y a eu un instant dans la génération divine ?... — Doit-on admettre plusieurs générateurs dans le Christ ? — Cette proposition : Dieu le père hait son fils, est-elle possible ? — Le Sauveur avait-il pu prendre la figure d'une femme ou d'un diable, d'un âne, d'une citrouille ou d'un caillou ? Et, admettant qu'il eût pris la forme d'une citrouille, aurait-il pu prêcher, faire des miracles et être crucifié ? — Qu'eût consacré Pierre, s'il avait consacré pendant que le Christ était encore sur la croix ? — Au même moment, pouvait-en donner le nom d'homme au Christ ? — Après la résurrection sera-t-il permis de boire et de manger ? » Prévoyance admirable, penser aux vivres si longtemps à l'avance !

Ce serait à n'en pas finir que de citer leurs innombrables niaiseries de ce genre, et mille autres encore non moins sérieuses, sur les formalités, les quiddités, les eccités, toutes chimères qui échapperaient aux yeux les plus perçants, à moins qu'ils ne fussent de la force de ceux de Lyncée, qui voyait à travers plus épaisses ténèbres, ce qui depuis ne s'est jamais vu. La morale de ces théologastres est toute farcie de sentences si paradoxales que les paradoxes des stoïciens pâlissent devant elles, et semblent des maximes grossières et triviales. Ils nous diront, par exemple, qu'il est bien préférable de tuer mille hommes que de raccommoder le jour du dimanche le soulier d'un pauvre ; qu'il vaudrait mieux laisser périr l'univers, avec armes et bagages, que de hasarder le plus petit mensonge. Mais ces très-subtiles subtilités sont encore subtilisées par la multiplicité de leurs systèmes. Les sinuosités du labyrinthe n'étaient que jeux auprès des ambages des Réaux, des Nominaux, des Thomistes, des Albertistes, des Ockanistes, des Scottistes et d'autres écoles dont je vous fais grâce, m'en tenant aux principales.

Dans toutes ces théologies, il y a tant d'érudition, tant de difficultés, qu'à mon sens les apôtres auraient besoin dune nouvelle descente du Saint-Esprit pour y entendre quelque chose. Certes, Paul était touché par la foi, mais lorsqu'il a dit : « La foi est la substance de ce que nous devons espérer : la preuve de ce qui ne tombe pas sous les sens, » sa définition est bien peu magistrale. La charité de cet apôtre ne peut être mise en doute ; mais qu'il se montre triste dialecticien dans la division et la définition qu'il donne de cette vertu dans son Épître aux Corinthiens, chapitre 13 ! Les apôtres célébraient avec quelque sainteté les mystères ; mais ils eussent été bien embarrassés d'expliquer ce qui se cache sous les expressions a quo et ad quem ; de démontrer la transsubstantiation, la façon dont le même corps peut exister simultanément en plusieurs endroits, la différence qu'il y a entre le corps du Christ au ciel, sur la croix et dans l'Eucharistie ; le moment précis de la transsubstantiation, et comment il est possible qu'elle se fasse dans un instant, puisque les paroles en vertu desquelles elle s'opère forment une quantité concrète, dont chacune des parties se succède dans le temps. Toutes choses que les Scottistes distinguent et définissent facilement, mais qui eussent été évidemment lettres closes pour les apôtres. Ils avaient connu en chair et en os la mère du Christ ; nonobstant, en est-il un seul qui démontrât aussi bien que nos théologiens comment elle fut préservée du péché originel ! Pierre reçut les clefs, et les reçut de celui qui ne pouvait les confier à un indigne, fort bien ; mais Pierre a-t-il compris, a-t-il su atteindre à cette subtilité que ces clefs pourraient devenir celles de la science entre les mains d'un ignorant ? Les apôtres baptisaient bien quelquefois, mais ont-ils jamais parlé de la cause formelle, matérielle, efficiente, finale du baptême, du caractère délébile et indélébile de ce sacrement ? Ils adoraient Dieu, mais en esprit, s'appuyant seulement sur l'Évangile, qui dit que Dieu est pur esprit, et qu'il veut être adoré en esprit et en vérité ; mais nulle part il ne leur a été révélé qu'une image du Christ, tracée au charbon sur le mur, méritât le même culte que le Christ lui-même, pour peu qu'elle eût deux doigts étendus, une longue chevelure, et une auréole à trois raies sur l'occiput. Ce sont là toutes choses qu'on ne peut comprendre à moins d'avoir passé trente-six ans dans les régions physiques et métaphysiques des Aristotéliciens et des Scottistes. Les apôtres parlent souvent de la grâce ; mais ces pauvres sires ne savent pas distinguer la grâce gratuite de la grâce gratifiante ; ils exhortent aux bonnes mœurs, mais ils ne disent pas la différence entre l'œuvre opérante et l'œuvre opérée. Partout, ils prêchent la charité, mais ils ne séparent pas la charité infuse de la charité acquise ; et l'on doute après eux si c'est là un accident ou une substance, une chose créée ou incréée ! Le péché leur faisait horreur, mais je veux mourir s'ils ont jamais songé à le définir, à moins de supposer que l'esprit de Scott les inspirait. Si Paul, dont le triste dialectique peut nous faire juger de celle des autres, eût été aussi profond qu'on l'est aujourd'hui, il se serait bien gardé de condamner les questions, les définitions, les déductions, et, comme il le dit, ces vaines disputes de mots. Et cependant, de son temps, il n'y avait encore que des discussions de paysans grossiers, si on les compare aux subtilités de nos docteurs, qui en remontreraient à Chrysippe lui-même ! Rendons pourtant justice aux seigneurs théologiens, ils ont la modestie de ne pas condamner les naïvetés si peu magistrales des apôtres ; ils ne font que les interpréter à leur guise, déférence qui vient au moins autant de leur vénération pour l'antiquité du texte que de leur respect pour le titre d'apôtre. — Mais il me semble entre nous qu'ils se montrent un peu exigeants envers les disciples de Jésus, puisque leur maître ne leur a pas enseigné toutes ces belles choses. Si, par hasard, nos théologastres rencontrent cette même faute, qu'ils ont bon gré, mal gré, pardonnée chez les apôtres, dans Chrysostome, Jérôme ou Basile ; c'est pour le coup qu'ils ne se gênent plus ; ils écrivent en marge, sans plus de façon : non tenetur, cela n'est pas admis. Ces pères avaient à catéchiser des philosophes, des païens et des Juifs, gens très-opiniâtres de leur nature. Leurs vies et leurs miracles suffisaient bien pour cette besogne, ou auraient échoué tous les syllogismes, car ils se trouvaient en face de gens dont pas un n'eût été en état de comprendre n'importe quelle proposition de Scott ! Aujourd'hui quel idolâtre, quel hérétique ne baisserait immédiatement pavillon devant les arguties de l'école, à moins d'être assez stupide pour ne pas les comprendre, ou assez impudent pour les siffler ? Il pourrait arriver aussi que, nourris dans les mêmes jongleries les adversaires soient à armes égales ; alors c'est un chevalier qui lutte contre un chevalier, c'est un magicien armé d'un glaive enchanté qui combat pareil ennemi, muni d'une arme semblable, et le combat avance avec le même rapidité que la toile de Pénélope.

Selon moi, les chrétiens feraient bien, au lieu de ces lourds bataillons qui, dans les dernières croisades, n'ont pas fait merveilles, d'envoyer, contre les Turcs et les Sarrasins, les Scottistes bavards et les Ockamistes opiniâtres, les Albertistes Indomptables avec tout le reste de la milice sophistique. Le combat serait curieux et la victoire bien extraordinaire. Quel soldat pourrait regimber contre l'éperon de tels généraux ? Quel aiguillon pour réveiller les plus engourdis ! Quels ennemis auraient d'assez bons yeux pour y voir au milieu des ténèbres épaisses qu'ils répandraient autour d'eux ?

Vous prenez peut-être ce que je dis pour de la plaisanterie ! Cela ne m'étonne qu'à demi. — Il y a, je le sais, même parmi les théologiens, des savants d'une science plus saine, à qui toutes ces arguties donnent la nausée. Ceux-là, je le sais encore, regardent comme sacrilèges et impies ces disputes irrévérencieuses sur des choses qu'on doit plutôt adorer que chercher à expliquer à l'aide des formules du paganisme, et ils sont d'avis que toutes ces définitions ambitieuses, toutes ces froides subtilités, toutes ces discussions indécentes avilissent la majesté d'une science divine. — Tout cela est certain, mais n'empêche pas que vos docteurs en général ne se complaisent en eux-mêmes et ne s'applaudissent sans scrupule, et qu'occupés nuit et jour de si agréables niaiseries ils ne trouvent pas le loisir de lire une page de l'Évangile ou des épîtres de saint Paul. Pas moins vrai, qu'à entendre ces bateleurs de l'école, ce sont eux nui soutiennent l'édifice de l'Église sur l'échafaudage de leurs syllogismes boiteux, comme Atlas soutenait le monde sur ses épaules.

Une source vive de plaisir pour nos hommes, c'est de torturer les écritures et d'en pétrir le sens à leur guise comme une cire molle ; c'est de donner leurs conclusions, auxquelles ont adhéré un ou dieux pédants de leur espèce, pour des lois aussi sages que celles de Solon et préférables à tous les décrets pontificaux ; c'est de prétendre censurer le genre humain et amener à résipiscence quiconque résiste à leurs propositions implicites et explicites. Rien n'est bouffon comme leurs les oracles : cette proposition est scandaleuse ; cette autre irrévérencieuse ; celle-ci sent son hérésie ; celle-là est malsonnante ; si bien que ni baptême ni Évangile, ni l'opinion de Pierre ni de Paul, de Jérôme ou d'Augustin ou de Thomas lui-même, l'aristotélicien par excellence donnent droit au titre de chrétien sans l'assentiment de nos bacheliers, tant leur jugement est infaillible ! Si ces beaux sires ne nous l'avaient appris, nous serions-nous jamais douté qu'il y eût hérésie à dire indifféremment tu bous, marmite, ou bien : la marmite bout ! Quel bonheur qu'ils se soient trouvés là pour délivrer l'Église d'erreurs dont personne ne se serait jamais douté si leurs censures ne les avaient mises en pleine lumière ! Tout cela n'est-il pas bien fait pour les rendre heureux ?

Mais attendez. Pour les voir dans tout leur beau, il faut les entendre faire un tableau complet de l'enfer, avec autant de détails que s'ils avaient habité plusieurs années le pays. Il faut les entendre fabriquer selon leurs caprices de nouveaux mondes et les combler de délices, de crainte que les âmes des sages n'eussent pas à se promener commodément, à banqueter et à jouer à la paume. Mais il est temps de nous arrêter ; leur cerveau est plus plein et plus lourd de ces sornettes que ne l'était celui de Jupiter lorsque, portant Minerve dans son crâne, il invoquait la hache de Vulcain. Ne vous étonnez donc pas si, dans les thèses publiques, vous voyez toutes ces têtes doctorales si soigneusement enveloppées ; elles éclateraient sans cela. Le fou rire me prend moi-même lorsque ces gens qui se croient réellement théologiens ânonnent leur jargon trivial et barbare ; — si bien que les ânons leurs frères sont seuls à la hauteur, et qu'ils osent qualifier de profondeur ce qui n'est qu'obscurité. À les entendre, les lettres sacrées ne peuvent être, sans sacrilège, soumises à la grammaire ; beau privilège vraiment pour messieurs de la théologie, depouvoir se moquer de la syntaxe, mais la canaille le partage avec eux !

Pour finir, vous les portez au ciel eu les saluant Magistri nostri (nos maîtres), formule puissante comme le Jéhovah des Hébreux. Mais ne manquez pas surtout de l'écrire en lettres majuscules ; gardez-vous d'intervertir l'ordre des deux mots magiques, vous pourriez détruire d'un seul coup toute la majesté théologique.

Des mortels qui ne doivent pas moins que les théologiens à mes faveurs sont les religieux ou moines. Expressions abusives, s'il en fut, car d'un côté la religion se rencontre rarement chez eux ; et, de l'autre, moine veut dire solitaire, et ils sont sans cesse par monts et par vaux. Rien ne serait plus misérable que leur sort si je n'étais pas là pour leur en dérober les misères. Le genre humain entier les abhorre, si bien que leur rencontre est d'un funeste présage. Ce qui n'empêche pas qu'ils n'aient la meilleure opinion d'eux-mêmes. Pour eux, la suprême piété consiste à être assez ignorants pour ne pas savoir lire, et du moment qu'ils ont braillé, comme des ânes un psaume, dont ils connaissent peut-être le rythme, mais non le sens, à coup sûr, ils croient avoir tout fait pour charmer les oreilles de Dieu ! Certains d'entre eux vont étaler de porte en porte leur crasse et leur mendicité et demander du pain à haute voix. Partout, dans les auberges, les coches, les bateaux, au grand dommage des pauvres véritables, pénètre cette engeance détestable ; qui, avec sa saleté ; son ignorance, sa grossièreté et son impudence, prétend continuer les Apôtres !

Trouvez-vous pas bien divertissante cette règle qui commande mathématiquement leurs moindres actions et qu'on ne peut enfreindre sans être damné ! Leurs souliers doivent avoir tant de nœuds ; la ceinture telle couleur, leur vêtement telle coupe. L'étoffe, la forme et l'ampleur précises du capuchon, le diamètre exact de la tonsure ; le nombre d'heures consacrées sur sommeil ; tout est prévu. Il est facile de comprendre combien cette uniformité s'accorde avec la diversité presque infinie des tempéraments et des caractères. Au milieu de tant de niaiseries, ils ne se contentent pas de mépriser les gens du monde ; ils se déchirent encore entr'eux ; et ces gens qui font profession de charité apostolique, cherchent noise à quiconque porte un habit différent du leur et quelque peu plus foncé en couleur. Rigoureux observateurs des statuts de leur ordre, les uns portent ostensiblement l'habit de pénitence ; il est vrai de dire qu'ils ont de la toile fine en dessous ; les autres au contraire portent la toile au-dessus et la laine au-dessous. Il en est qui craignent de palper un écu à l'égal d'une vipère ; mais de boire et de caresser les ribaudes ile ne se font faute. Leur ambition n'est pas de ressembler au Christ, mais de ne pas se ressembler entr'eux. Les surnoms qu'ils se sont donnés entrent pour beaucoup dans leur bonheur ; on peut être fier d'être cordelier en tant qu'espèce générale, et comme genre particulier d'être récollet, mineur, minime, ou bulliste. Puis viennent ceux qui se nomment bénédictins, bernardins, brigittins, augustins, guilhelmistes et jacobites. On dirait que le nom de chrétien n'est plus assez beau ! Les trois quarts de tout ce monde attachent tant d'importance à leurs pratiques et aux habitudes du cloître, qu'à les en croire, ce n'est guère du paradis pour les récompenser de tant de zèle, comme si le Christ pouvait mettre dans la balance, pour peser leurs œuvres, autre chose que la charité, ce fondement de sa loi !

Au dernier jour, il fera beau les voir produire qui sa bedaine farcie de poissons, qui ses milliers de psaumes, qui ses jeûnes multipliés suivis d'autant de repas où il a failli crever de nourriture, qui un tas de cérémonies monacales capables de charger sept vaisseaux ! Il fera beau les voir, celui-ci se vanter d'avoir passé soixante ans sans toucher une pièce d'argent... autrement qu'avec une double paire de gants ; celui-là étaler un capuchon si sordide et si gras qu'un matelot refuserait de le porter ; ou cet autre encore rappeler qu'il a vécu comme une éponge, toujours attaché au même rocher ! En vain celui-ci allèguera sa voix enrouée à force de chanter, celui-là l'hébètement produit par la solitude où il s'est plongé, tel autre le long silence qui lui a paralysé la langue ; le Christ interrompra ces apologies sans fin : « D'où venez-vous, dira-t-il, nouvelle race de Juifs ? vous me parlez de tout, excepté de ma loi, la seule que je comprenne. Je l'ai dit clairement autrefois et sans parabole, ce n'est pas aux frocs, aux oraisons, aux abstinences que j'ai promis le royaume de mon père, c'est aux œuvres de charité. Arrière ! vous qui évaluez si bien vos propres mérites, et vous donnez pour plus saints que moi. Allez chercher un paradis loin d'ici. Demandez de vous en bâtir un à ceux-la qui ont mis des pratiques où j'avais mis ma loi. » Quand retentira cet arrêt terrible et qu'ils se verront préférer des matelots et des charretiers, quelle mine se feront-ils selon vous ? — En attendant, moi, la Folie, je les rends heureux en les berçant d'espérance.

Quoiqu'ils soient morts pour lui, le monde se garde bien de laisser voir son mépris à ces enfroqués, surtout aux ordres mendiants. Car ils possèdent les secrets des familles, grâce à la confession qu'ils mettent tous leurs soins à provoquer. C'est pour eux cas damnable d'en révéler quelque chose, je le sais, mais il arrive parfois, quand ils ont trop fêté la dive bouteille, qu'ils cherchent à égayer la société par de piquantes anecdotes. Ils laissent alors comprendre la comédie, sans nommer les acteurs. — Avez-vous par mégarde irrité ces frelons, ils s'en vengent dans quelque prône, ou ils décochent à leurs ennemis des phrases obliques, si transparentes pourtant, qu'il faudrait être stupide pour ne pas reconnaître à qui ils en veulent. Le cerbère ne cessera pas d'aboyer, avant que vous ne lui ayez jeté dans la gueule le gâteau de miel.

Regardez maintenant nos gens en chaire, et dites s'il y a comédiens ou bateleurs qui vaillent ces rhétoriciens ridicules, lorsqu'ils copient les procédés de l'art oratoire. Grands dieux ! Voyez-les gesticuler, changer mal à propos de ton, chanter, faire la roue, se grimer en un clin d'œil et ébranler le temple de leurs glapissements ! Cet art de dire est un secret que le moine transmet pieusement au moinillon. Bien qu'il ne me soit pas donné d'être initié complètement à d'aussi profonds mystères, je dois vous dire cependant ce qu'il m'en semble de plus probable.

D'abord l'orateur commence par une invocation à l'imitation des poètes ; ensuite, s'il doit parler de charité, il ne manque pas de pêcher son exorde dans le Nil d'Égypte ; s'il s'agit des mystères de la Croix, il débute finement par quelques mots sur Bel, le dragon babylonien. Parle-t-il du carême, il prend son point de départ aux douze signes du Zodiaque ; de la foi, il prélude par quelques considérations sur la quadrature du cercle. J'ai entendu de mes propres oreilles un de ces maîtres fous... un de ces docteurs, voulais-je dire, il avait à parler, devant un auditoire choisi, du mystère de la Trinité. Voulant faire du neuf et flatter l'oreille des théologiens, il prit une voie nouvelle et ne trouva rien de mieux que de parler des lettres de l'alphabet, des syllabes et des parties du discours. puis, de la concordance du sujet et du verbe, de l'adjectif et du substantif. L'auditoire entier tombait des nues et se disait comme Horace :

Où veut-il en venir avec ces inepties !

Bref, il eut le talent de découvrir dans les éléments de la grammaire le symbole de la Trinité, mais si exactement qu'un mathématicien n'aurait pu mieux faire. Ce chef-d'œuvre avait coûté huit mois de travail à cet archi-théologien ; il en est devenu aveugle, car son esprit a absorbé la lumière de ses yeux. N'allez pas croire pourtant qu'il y ait le moindre regret ; il est persuadé que c'est là de la gloire achetée à trop bon compte.

J'ai eu la bonne fortune de rencontrer un autre octogénaire qu'on eût pris pour une incarnation de Scott. Les mystères du nom de Jésus, tel était son sujet. Il commença par démontrer avec une subtilité charmante, comme quoi dans les lettres mêmes de ce nom, on trouvait tout ce qu'il y avait à dire du Sauveur. En effet, disait-il, Jésus à trois cas en latin, image évidente de la Trinité ; le premier se termine en s, le second en m, le troisième en u ; mystère ineffable, car chacune de ces lettres indique que Jésus est le sommet (summum) le milieu (medium) et l'ultime (ultimum) des choses. Ce n'était rien encore, les mathématiques n'avaient rien de plus abstrait que ce qui allait suivre. Coupez, ajoutait-il, le mot en deux parties égales ; retenez seulement l's médiale. Cette lettre, que nous extrayons de Jésus, se nomme syn chez les Hébreux ; or syn est un mot écossais qui veut dire péché, cela nous démontre sans conteste que c'est Jésus qui a ôté le péché du monde. Cet exorde ébahit tout l'auditoire, sans même en excepter les théologiens, qui restèrent pétrifiés comme autrefois Niobé. Pour moi, je fus sur le point d'imiter le Priape de Figuier lorsqu'il fut le témoin des sortilèges des deux sorcières d'Horace. Et il y avait bien de quoi ? Vit-on jamais pareilles jongleries dans le grec de Démosthènes ou le latin de Cicéron ? Ces orateurs tenaient pour mauvais un exorde qui ne se rattachait pas au sujet même. Sans autre maître que la nature, un bouvier connaît cette règle. Mais, au contraire, si on en croit nos docteurs, le vrai chef-d'œuvre de rhétorique est un préambule (c'est le terme consacré) qui n'a aucun rapport avec le reste du discours ; ils ne sont satisfaits que si leurs auditeurs effarés se demandent : « Où veulent-ils donc en venir ? — S'ils disent un mot de l'Évangile, c'est bien entendu en passant et par manière d'anecdote, sans prendre la peine de l'expliquer, bien qu'en réalité ils dussent borner leurs discours à cette explication. Puis tout à coup les voilà qui mettent sur le tapis une question théologique, la plupart du temps aussi étrangère au ciel qu'à la terre ; mais il paraît que c'est là le comble de l'art. C'est pour le coup qu'ils dressent la crête et citent à tout propos les titres ronflants de leurs confrères ; docteurs solennels, docteurs subtils, docteurs séraphiques, docteurs saints, docteurs irréfragables ; c'est alors que viennent les syllogismes, les majeures, les mineures, les conclusions, les corollaires, les suppositions, et mille autres niaiseries scolastiques, qui obtiennent le plus grand succès près du vulgaire, qui n'y voit goutte.

Reste le cinquième acte, où l'orateur doit se surpasser. Cette fois, il avance quelque vieille fable absurde, tirée du Miroir des histoires ou desGestes des Romains et l'explique au triple point de vue allégorique, tropologique et anagogique. Ainsi finit leur discours, monstre bizarre, dont n'approche pas celui que décrit Horace aux premiers vers de son Art poétique.

Ils ont pris je ne sais où que l'exorde doit être débité lentement et sans éclat. Que font nos gens ? Ils commencent de façon à ne pas s'entendre eux-mêmes, excellente méthode pour n'être compris de personne. On leur a dit que, pour remuer les passions, il fallait élever le ton ; pour obéir au précepte, au moment où on s'y attend le moins, ils passent tout à coup à des éclats furieux. Ce serait bien le cas de leur offrir un grain d'e1lébore ; mais crier pour les arrêter, ce serait peine perdue ! Il est encore de tradition chez eux que l'orateur doit s'échauffer par degrés. Aussi, après avoir débuté cahin-caha, se prennent-ils sans transition à hurler, même à l'endroit le plus glacial ; par contre, ils finissent si bas qu'on croirait leur voir rendre l'âme. La rhétorique leur a appris que la plaisanterie est un moyen oratoire ; ils s'ingénient donc à saupoudrer leurs discours de traits plaisants. Mais, par Vénus ! rien n'égale leur grâce et leur à-propos ; il semble voir des ânes jouer de la lyre ! - Quelquefois ces enfroqués essayent bien de mordre ; mais ils chatouillent plutôt qu'ils ne blessent, et ils ne flattent jamais mieux leur auditoire que lorsqu'ils affectent de lui dire librement la vérité.

En somme, à leur pantomime, à leur déclamation on jurerait qu'ils ont été à l'école des bateleurs qui, il faut l'avouer, leur sont bien supérieurs. Au surplus, il y a tant de points de contact, qu'on hésite à décider si ce sont les moines qui ont enseigné la rhétorique aux pîtres, ou les pîtres aux moines. Malgré cela, grâce à moi, il y a encore des gens qui les regardent comme des Démosthènes et des Cicérons ; les marchands et les femmes surtout s'y laissent prendre. Aussi, est-ce à cette partie du public qu'ils cherchent avant tout à plaire ; avec un peu d'adresse, ils finissent toujours par pousser les premiers à leur lâcher quelques miettes de leurs biens mal acquis ; quant aux autres, elles ont mille raisons d'aimer les bons pères, ne fût-ce que pour épancher dans leur sein tout le mal qu'elles pensent de leurs maris.

J'en ai dit assez, il me semble, pour vous montrer de combien m'est redevable cette espèce d'hommes, qui, pour exercer, à l'aide de leurs momeries, leurs niaiseries et leurs clameurs, une sorte de tyrannie sur le monde, se prennent pour des Saint Paul et des Saint Antoine. Mais laissons ces histrions, ce sont des ingrats qui dissimulent aussi adroitement mes bienfaits, qu'ils simulent adroitement la piété.

Parlons maintenant des rois et des princes qui se montrent si ouvertement mes adeptes ; parlons-en librement, comme il convient de parler d'hommes libres.

Il est bien certain que s'ils avaient entre eux tous une demi-once de bon sens, rien ne serait plus triste et moins enviable que leur sort. En effet, il doit sembler bien cher d'affecter le pouvoir au prix d'un parjure ou d'un parricide, à qui a exactement calculé combien pèse une couronne sur le tête d'un roi vraiment roi. Gouverner c'est veiller aux intérêts publics et négliger les siens. Le prince, auteur et exécuteur des lois, doit s'y montrer soumis tout le premier. Garant de l'intégrité des ministres et des magistrats, tout le monde a l'œil fixé sur lui ; par l'exemple de ses mœurs il peut à son gré, comme l'astre bienfaisant, répandre le bonheur sur la terre, ou, comme la comète funeste, semer partout la désolation et la ruine. Les vices d'un citoyen se perdent dans la foule sans causer grand dommage, ceux du prince, fussent-ils même légers, empoisonnent comme une contagion toute la république. Le prince est environné d'ennemis qui lui barrent le droit chemin, les plaisirs, la puissance, la flatterie, le luxe, contre lesquels il doit toujours être en garde, et, malgré tant de soins, il est encore trompé. Sens parler des embûches, des ennemis, des périls et des maximes qui menacent une tête couronnée, il est un roi immortel qui demande aux rois mortels compte de leurs moindres actions, et qui les juge d'autant plus sévèrement que leur règne a été entouré de plus de splendeurs.

Si les princes se préoccupaient de ces idées ou autres du même genre (mais il faudrait pour cela qu'ils fussent quelque peu sages), il n'y aurait pour eux, si je ne me trompe ; ni sommeil paisible, ni festins agréables. Mais heureusement je suis là, moi, la Folie ; et je les fais se reposer sur le hasard du soin de leurs empires, et ne prêter l'oreille qu'à la flatterie tant ils ont peur qu'une pensée sérieuse ne vienne troubler leurs âmes ! Leur métier de rois se borne, ils se l'imaginent, à chasser sans trêve ni cesse, à monter de superbes chevaux, à vendre chèrement à leur profit les chasses et magistratures, et surtout à trouver de nouveaux moyens d'enlever les biens de leurs sujets, pour en remplir leur trésor. Et les voit-on, pour y arriver, ressusciter de vieux titres, afin de couvrir du masque du droit leurs monstrueuses iniquités. Il est vrai que, le tour fait, ils daignent adresser quelques compliments au peuple, afin de se ménager son affection au moins par un côté.

Figurez-vous un prince comme il y en a tant, ignorant des lois, sans souci du bien public, tout entier à ses intérêts et au plaisir, ennemi de la science, ennemi de la liberté et de la vérité, ne songeant à rien moins qu'au salut de la république et ne connaissant d'autre règle que son caprice et sa convenance ; pendez-lui au cou le collier de la Toison d'or, emblème de la solidarité de toutes les vertus ; placez sur sa tête une couronne enrichie de brillants, destinée à lui rappeler qu'il doit briller au milieu de ses sujets par ses actions héroïques ; mettez-lui en main le sceptre, symbole de la justice et de l'impartialité qui doit animer son cœur ; revêtez-lui la pourpre, qui désigne l'amour ardent qu'un souverain doit porter à son peuple. Et maintenant que ce mauvais prince compare, s'il l'ose, ses vêtements symboliques avec sa vie réelle. Pourra-t-il le faire sans rougir de tout cet appareil, et n'aura-t-il pas à craindre qu'un railleur n'y veuille voir que des oripeaux de théâtre ?

Quant aux courtisans, il ne nous est pas possible de les oublier ; car rien au monde n'est rampant, servile, sot, abject et infatué de soi-même comme cette espèce-là. Sur un seul point, ils font preuve d'une rare modestie : je veux dire qu'ils se contentent d'étaler dans leur parure l'or, les pierres précieuses, la pourpre, insignes de sagesse et de vertu, et qu'ils laissent sans contestation aux autres à pratiquer ces choses. Quel bonheur pour eux de pouvoir dire : le roi mon maître ! Ils se sont fait une science à eux ; faire la courbette, distribuer à propos les altesses sérénissimes, les majestés, les excellences ; se composer un visage imperturbable, où sourit toujours la flatterie, en forment les principaux éléments. Ainsi se résument les talents de messieurs de la cour. Examinez-1es d'un peu près ; ils vous paraîtront aussi stupides que les Phéaciens d'Ulysse, aussi crapuleux que les amants de

Pénélope. Quant au reste, écoutez l'écho des palais, il en sait plus long que moi.

Un bon courtisan dort jusqu'à midi. Le chapelain mercenaire qui épie son réveil, lui expédie bien vite une messe, qu'il écoute en robe de chambre. Monseigneur déjeune : le dîner suit de près. Ensuite viennent les dés, les échecs, les comédiens, les bouffons, les filles et les folies. Dans les intervalles, on fait collation. Puis c'est le souper, et l'on banquette une partie de la nuit. Voilà comment s'écoulent pour lui, loin des préoccupations, les heures, les jours, les mois, les années et les siècles.

La vanité des courtisans va jusque-là qu'elle me fatigue. Ça ne doit étonner personne, avoir cette nymphe de cour se croire d'autant plus déesse que la queue de sa robe est plus longue ; à voir cet important se faire jour dans la foule, à coups de coude, pour arriver plus près de Jupiter ; à voir ce fat s'admirer de bonne foi à cause de la lourde chaîne qu'il s'est pendue au cou et qui témoigne presqu'autant de sa force que de son opulence !

Les princes ne sont pas seuls à mener joyeuse vie ; dans cette voie, les papes, les cardinaux, et les évêques se montrent leurs dignes émules, sinon leurs maîtres.

Vous voudriez peut-être aussi que tout ce monde-là ait sans cesse à l'esprit que ses blancs vêtements de lin l'avertissent de mener une vie sans tache ; que sa mitre à deux cornes réunies par un seul nœud signifie qu'il doit réunir la science du Nouveau et de l'Ancien Testament ; que les gants qui protègent ses mains sont l'emblème de son désintéressement dans les fonctions sacrées de son ministère ! Vous voudriez peut-être que ces dignitaires songeassent à cette crosse qui rappelle le pasteur veillant sur son troupeau ; à cette croix qu'il porte sur la poitrine comme symbole du renoncement aux passions ! — Mais si telles étaient leurs préoccupations habituelles, leur vie ne serait-elle pas une suite de tristesses et de soucis ? Nos prélats d'aujourd'hui bien assez à faire de se repaître eux-mêmes ; quant à leurs ouailles, ils en confient volontiers la garde au Christ ou plutôt ils se reposent de ce soin sur ces moines, qu'ils appellent leurs frères et leurs vicaires. Ils oublient jusqu'à leur nom d'évêque, qui veut dire travail, vigilance, sollicitude. Mais s'agit-il d'attraper des écus, ils sont alors trois fois évêques.

Le cas des cardinaux ne serait pas différent s'ils songeaient que, puisqu'ils prétendent avoir succédé aux apôtres, on est en droit d'exiger creux ce qu'ont fait leurs prédécesseurs, et surtout s'ils se considéraient, non plus comme propriétaires, mais bien comme seulement administrateurs des biens de l'Église, dont leur grand âge les avertit cependant presque toujours qu'ils vont avoir à rendre compte. Admettez que leurs éminences jettent, elles aussi, un coup d'œil philosophique sur les vêtements ; elles seront forcées de s'avouer que leur rochet est là pour indiquer l'innocence de leurs mœurs, et leur soutane de pourpre, leur ardent amour de Dieu ; que l'immense manteau qui se répand à flots aux pieds du prélat cache complètement sa mule et pourrait couvrir un chameau en plus, veut dire cette immense charité qui de son cœur doit s'étendre à tous les besoins ; c'est-à-dire cette charité qui consiste à enseigner, exhorter, consoler, avertir, terminer les guerres, résister aux caprices du prince, et répandre, s'il le faut, son sang pour le troupeau du Christ, et non se borner à dépenser ses trésors. — Des trésors, ai-je dit, mais pourquoi des trésors aux successeurs des pauvres apôtres ? — Avec de pareilles réflexions, il y aurait moins d'ambitieux qui aspireraient au chapeau ; ou se soustrairait volontiers à un tel honneur, car, alors, les cardinaux vivraient cette vie agitée et laborieuse qu'ont vécue les apôtres.

Si les papes, ces vicaires de Jésus-Christ, modelaient leur vie sur celle de leur maître ; s'ils se proposaient pour exemple sa pauvreté, ses travaux, sa descente, ses souffrances, son détachement du monde, s'ils prenaient au sérieux ces titres de père et de sainteté qu'on leur donne ; quels mortels seraient plus à plaindre ? Qui voudrait acheter ce poste au poids de l'or, qui voudrait s'y maintenir par le fer, le poison ou la force ? Hélas ! de quels avantages se priveraient les pontifes, s'ils acquéraient un jour la sagesse, que dis-je, la sagesse, mais un seul grain de ce sel de sapience dont parle le christ ? Que deviendraient alors tout ce qui les entoure, les richesses, les honneurs, la puissance, les triomphes, les bénéfices, les revenus, les impôts, les indulgences et les plaisirs de toute espèce ? La liste est brève, vous le voyez, mais significative. Tout cela disparaîtrait pour faire place aux veilles, aux jeûnes, aux larmes, aux oraisons, aux prédications, aux études, à la pénitence, à mille autres mortifications de ce genre. Mais s'il en était ainsi, avez-vous songé à ce qu'on pourrait faire de tous ces scribes, tous ces notaires, tous cris avocats ; à quoi pourrait être bonne cette armée de promoteurs, de secrétaires, de muletiers, d'écuyers, de banquiers et de proxénètes ? — J'en pourrais ajouter bien d'autres n'était que je respecte vos oreilles. En somme, cette foule de fonctionnaires si onéreuse, si honorable, voulais-je dire, pour le saint-siège, serait condamnée à mourir de faim. Ce serait vraiment abominable et impie ; mais le comble ne serait-ce pas de vouloir ramener au bâton et à la besace les chefs de l'Église, ces vrais flambeaux du monde ? Ne redoutons pas pour eux de tels malheurs ; de nos jours, ils laissent à saint Pierre et à saint Paul, qui ont du temps de reste, les peines et les travaux de leur état, se contentant de garder pour eux les honneurs et les plaisirs. Ne craignez rien, je veille sur mes papes, j'émaille leur vie de voluptés et en chasse les soucis. Grâce à moi, ils estiment avoir amplement satisfait au Christ lorsque, sous des ornements mystiques, j'allais dire théâtrals, dans des cérémonies où on leur prodigue les titres de sainteté et de révérence, ils jouent leur rôle d'évêques à grand renfort d'anathèmes et de bénédictions. Pour eux, il y aurait mieux à faire que cela, il y aurait peut-être à renouveler les miracles des apôtres, mais c'est bien usé, et il faut être de son temps ; il y aurait à instruire le peuple, mais c'est si fatigant ; à expliquer les saintes Écritures, mais c'est si pédant ; à prier, mais c'est perdre son temps ; à pleurer, mais c'est bon pour des femmes ; être pauvre, mais c'est vivre en gueux ! Il y aurait bien aussi à céder quelquefois, mais comment se résoudrait-il à le faire, cet homme qui admet à peine les plus grands rois à lui baiser les pieds ? Il y aurait encore à bien mourir, mais c'est si peu gai ; à souffrir au besoin la croix, mais c'est infamant aujourd'hui. Restent donc aux saints pères pour toutes armes ces douces bénédictions dont parle saint Paul ; et de fait, ils n'en sont pas chiches. C'est plaisir de leur voir distribuer les interdictions, les suspensions, les aggravations, les anathèmes ; sans compter les épouvantails du diable dont ils abusent, et cette foudre terrible qui, d'un seul coup, précipite les âmes des mortels bien au delà des enfers. Ce dernier instrument sert surtout aux pontifes, ces très-saints pères en Jésus-Christ dont ils sont les vicaires, à frapper sans ménagements quiconque, à l'instigation de Belzébuth, essaye de rogner quelque peu le patrimoine de saint Pierre ! Car cet apôtre, qui a dit dans l'Évangile : « Nous avons tout laissé pour vous suivre, » possède aujourd'hui des champs, des villes et des vassaux, lève des impôts et se pose en suzerain. Et pour conserver son patrimoine, les pontifes, se laissant emporter souvent par un trop grand amour de leur divin maître, ne se font pas faute d'user du fer et du feu et de répandre le sang chrétien. Ils n'en ont pas moins l'audace de dire qu'ils défendent de cette manière l'Église, cette épouse du Christ, et qu'ils terrassent ses ennemis. Comme si l'Église avait d'autres ennemis que les pontifes impies qui, par leur silence, laissent oublier le Christ, trafiquent honteusement en son nom, torturent sa loi par leurs interprétations et ruinent son Église par l'exemple de leurs vies !

L'Église chrétienne a été fondée dans le sang, cimentée par le sang et agrandie par le sang ; ils s'en autorisent pour tirer le glaive peur elle, comme si le Christ, n'était plus là pour protéger les siens. Et cependant ils devraient savoir que la guerre est une chose si cruelle, qu'elle était digne tout en plus des bêtes féroces ; si insensée, que les poètes la donnent pour une inspiration des Furies ; si mauvaise, qu'elle entraîne après elle le perturbation des mœurs ; si injuste, que les plus grands brigands la pratiquent le mieux ; si impie, qu'elle est entièrement contraire au Christ. Les papes savent tout cela, mais n'en font pas moins le guerre. Vous voyez des vieillards décrépits retrouver l'ardeur de le jeunesse, prodiguer leurs trésors, braver la fatigue et ne reculer devant rien, pour se donner le plaisir de bouleverser à leur aise les lois, le religion, la paix et toutes les choses humaines. Et il se trouve de savants panégyristes pour décorer cette frénésie patente des beaux noms de zèle, de piété, de courage, et pour prouver qu'on peut tirer l'épée et en percer les entrailles de son frère sans se départir de cette charité parfaite dont tout chrétien doit user envers son prochain !

Je n'ai pu découvrir jusqu'ici si les évêques d'Allemagne ont pris exemple des papes, ou les papes des évêques d'Allemagne ; toujours est-il que, simplifiant les choses, ils mettent tout bonnement de côté la messe et les cérémonies du culte pour mener une vie de satrape. Il semble qu'ils estiment pour lâche et indigne de l'épiscopat de rendre à Dieu leur âme guerrière autre part qu'en bataille rangée. Les simples prêtres se font un cas de conscience de suivre la voie tracée par leurs supérieurs ; aussi les voit-on endosser bravement la cuirasse et s'escrimer d'estoc et de taille pour la défense de leurs dîmes. Ils joignent à cette humeur belliqueuse une étonnante pénétration quand il s'agit de découvrir dans un vieux parchemin n'importe quoi qui puisse effrayer les bonnes gens et les convaincre qu'ils doivent encore bien autre chose que la dîme. Mais ces pillards n'ont garde de lire ce qui est pourtant inscrit partout : leurs devoirs envers le peuple. Leur tonsure ne leur dit rien ; elle ne leur dit pas que le prêtre doit être détaché du monde et n'avoir de commerce qu'avec le ciel. Il est vraiment délicieux de les voir s'imaginer remplir de tous points leurs devoirs, perce qu'ils marmottent quelques prières que Dieu entend et comprend peut-être, mais qu'assurément eux n'entendent pas, alors même qu'ils les braillent à tue-tête.

Mais qu'il s'agisse de leurs intérêts, mieux que des laïques, les prêtres veillent au grain et demandent au besoin des armes à la chicane. Y a-t-il par hasard quelque charge à supporter, ils la rejettent avec adresse sur les épaules d'autrui : c'est une balle qu'ils se renvoient prestement les uns aux autres. Il en est de l'Église comme du gouvernement d'un État. Les princes se reposent sur leurs ministres, les ministres sur leurs commis ; mais tous, par excès de modestie, sans doute, 1aissent au peuple le soin d'honorer Dieu. Le peuple, tout comme s'il était étranger lui-même à 1'Église et qu'il comptât pour rien le baptême, rejette ce soin sur ceux qu'on nomme gens d'église ; les gens d'église, qu'on dit séculiers, comme s'i1s étaient du monde et non du Christ, le repassent par procuration aux réguliers, les réguliers aux moines, les moines relâchés aux réformés, tous d'un commun accord aux ordres mendiants. Mais ceux-ci s'en démettent en faveur des Chartreux, chez qui seuls la piété s'est cachée, dit-on, mais si bien cachée que depuis nul ne put la voir.

En vertu du même principe, les souverains pontifes, si actifs à moissonner les écus, délèguent volontiers les travaux trop apostoliques aux évêques, les évêques aux curés, les curés aux vicaires, les vicaires aux frères mendiants, et ceux-ci confient les ouailles à des gens qui ont l'art de tondre de près.

Mais il est temps de cesser d'éplucher ainsi la vie des pontifes et des prêtres ; j'aurais l'air de faire plutôt la satire des autres que mon éloge, et l'on pourrait croire qu'en louant les mauvais princes, j'ai eu dessein de critiquer les bons. Le peu que j'en ai dit n'avait d'autre but que de prouver qu'il n'est pas un mortel sur la terre qui puisse se dire heureux, s'il n'est initié à mes mystères et soutenu par ma protection.

Le bonheur sans mon intervention, je le répète, est chose impossible, puisque la fortune, cette arbitre souveraine du monde, est si bien d'accord avec moi que jamais elle n'a favorisé un sage, tandis qu'au contraire elle comble de ses biens mes fous les plus distingués jusque dans leur sommeil ; par exemple, ce général athénien, Timothée, qui reçut le surnom d'heureux, et donna naissance au proverbe : « Il prend les villes en dormant. »

Vous connaissez aussi le dicton : « Aux innocents les mains pleines. » — Que dit au contraire, des sages, la sagesse des nations : « Il est né sous une mauvaise étoile. » Ou bien : « Il monte le cheval de Séjan. » Ou encore, : « Son or est de Toulouse. » — Mais trêve de proverbes, on me soupçonnerait de piller le recueil de mon ami Érasme. — Je disais donc que la Fortune aime les gens peu sensés, les gens audacieux, qui disent sans hésiter : le sort en est jeté. La sagesse rend timide, aussi voyons-nous ses adeptes en être réduits à la pauvreté, à la faim et à la corde, après avoir passé leur vie, négligés, sans gloire et repoussés par tous. Aux mains de mes fous, au contraire, les richesses affluent, et le timon de l'État leur est confié ; bref ils fleurissent de toutes façons. — Faites-vous consister le bonheur à être le favori des princes, à hanter ces demi-dieux, maîtres fous chamarrés de bijoux ? — Que feriez-vous près d'eux, de la sagesse ? Ne serait-ce pas un sujet de défaveur ? — Courez-vous après les richesses ? Comment pourrez-vous y arriver, si vous restez sage au milieu des affaires ; si vous craignez le parjure et rougissez du mensonge ; si vous vous laissez arrêter sur la pente du vol et de l'usure par des scrupules ou d'autres misères semblables ? —Ambitionnez-vous les dignités et les bénéfices ecclésiastiques ? Un âne ou un bœuf pourra y arriver, mais un sage… jamais ! — Aimez-vous les plaisirs ? les femmes qui louent le premier rôle dans cette comédie sont toutes de cœur aux fous ; quant au sage, elles le fuient comme une bête venimeuse. — Bref, partout où on veut vivre en liesse et en joie, il faut mettre le sage à la porte : tout autre animal serait moins déplacé. Regardez autour de vous papes, rois, juges, magistrats, amis, ennemis grands et petits, tout a un seul mobile, la soif de l'or. Le sage méprise l'or ; il est donc logique que toutes les portes lui soient fermées.

Mon éloge est certainement un sujet inépuisable, cependant il faut en finir. J'aurais tout dit si je ne voulais vous montrer que plus d'un grand homme m'a célébrée et par ses écrits et par ses actions. Je craindrais autrement qu'on n'en vînt à croire que je ne plais qu'à moi-même, et que vos légistes ne me reprochassent de ne pas citer mes autorités. À leur exemple, je vais me mettre en frais de citations ; bien entendu que, comme les leurs, elles ne seront d'aucune utilité à ma cause.

Il est certain, et tout le monde l'admet qu'où manque quelque chose, il est bon de faire semblant de l'avoir. C'est en vertu de ce principe qu'on fait apprendre aux enfants ce beau vers :

Fais la loi à propos ; c'est toute la sagesse

Vous sentez déjà quelle vertu merveilleuse possède cette folie, puisque son fantôme, son imitation seule mérite déjà le suffrage des savants. Horace, le gras pourceau du troupeau d'Épicure dit la chose encore plus franchement : Il conseille de mêler la folie à la sagesse. Je sais bien qu'il ajoute de « temps à autre. » Mais c'est là justement qu'il tombe dans l'erreur. « Il est bon d'être fou à propos, » dit-il encore, et un peu plus loin : « J'aime mieux passer pour fou et pour un être sans valeur, que d'être sage et morose tout mon soûl. » Homère, qui d'ailleurs lui octroie force louanges, appelle cependant Télémaque follet ; et les tragiques appliquent cette épithète à l'enfance comme à la jeunesse, parce qu'ils estiment de bon augure. L'Iliade, ce poème divin, n'est autre chose que le tableau de la colère des peuples et des rois. Et pour finir, Cicéron a fait mon éloge complet lorsqu'il a dit : « La terre est pleine de fous. » Tout je monde sait en effet qu'un bien est d'autant plus grand qu'il est partagé par un grand nombre.

Ces autorités que je viens de citer n'ont d'un poids relativement peu important auprès des chrétiens ; je vais donc chercher dans leurs livres sacrés, comme font les savants, arguments en ma faveur, après avoir pris préalablement la permission des seigneurs théologiens. Comme ce n'est pas une petite affaire que nous allons entreprendre, et qu'il semble peu convenable de faire faire aux muses de l'Hélicon un si grand voyage pour quelque chose où elles n'ont que faire, j'aime mieux, pendant que je suis à m'enthéologiser à vaguer dans les sentiers épineux de la scolastique, invoquer l'âme de Scott Erigène la conjurer de quitter son antique Sorbonne pour animer mon sein, sauf après à lui souhaiter de s'en aller n'importe où, fût-ce même à tous les diables ! Pour compléter l'illusion, que ne puis-je changer de visage et paraître devant vous en bonnet carré ! Mais, en m'entendant parler si bien théologie, n'allez pas s'il vous plaît, crier au plagiat, et croire que j'ai pillé les manuscrits des maîtres. Rien de bien étonnant que, vivant depuis si longtemps dans leur intimité, j'aie fini par attraper quelques bribes de leur science. L'histoire ne nous apprend-elle pas qu'un Priape de bois retint quelques mots qu'il avait entendus de son maître, et que le coq de Lucien, par la longue fréquentation des hommes, en était arrivé à parler comme eux ? Mais entrons en matière, et que les dieux me soient propices.

« Le nombre des fous est infini, » selon l'Ecclésiaste (ch. I) ; infini, embrasse évidemment la totalité des hommes, à l'exception d'un petit nombre que personne ne remarque. Jérémie est plus explicite encore : « La sagesse de l'homme, dit-il en son X^e^ chapitre, n'a d'autre effet que d'en faire un archifou. » Il considère donc la sagesse comme l'attribut de Dieu, et la folie comme l'attribut de l'homme. Quelques lignes plus haut, il avait déjà dit : « Il ne faut pas que l'homme se glorifie de sa sagesse. » Et pourquoi l'excellent Jérémie ne veut-il pas que cela se fasse ? Par la raison toute simple que, selon lui, l'homme manque complètement de sagesse. Mais revenons,l'Ecclésiaste : « Vanité des vanités, s'écrie-t- tout n'est que vanité !... » Qu'entend-il par là selon vous ? n'est-ce pas, comme je vous l'ai déjà dit, que la vie humaine est le jouet de la folie ? Et il confirme ainsi ce que Cicéron a dit à ma louange et qu'on ne saurait trop répéter : « Le monde est plein de fous ! Le fou change comme la lune, le sage à la stabilité du soleil, ajoute le même livre, pour montrer que la folie est le lot de tous les hommes, la sagesse celui de Dieu. La lune c'est la nature humaine, le soleil, source de toute lumière, c'est Dieu. » Ajoutons à cela le mot de l'Évangile : « Dieu seul est bon. » Or si quiconque est fou ; n'est pas sage, si bon et sage sont synonymes, comme le veulent les stoïciens, tous les hommes sont fous, la chose est claire, puisqu'il n'y en a pas un de bon.

« La folie est la joie du fou. » si on en croit Salomon (ch. xv), d'où il faut conclure que, sans folie, la vie serait insupportable. C'est lui encore qui a écrit : « Qui cherche la science cherche la douleur ; il y a de grandes souffrances dans une grande intelligence. » Ce même penseur ne s'écarte pas beaucoup, de ses idées lorsqu'il ajoute, ch. vii : « Le cœur du sage est hanté par la tristesse, le cœur du fou par la gaieté. » Aussi Salomon ne s'est pas contenté de posséder la sagesse, il a voulu encore me connaître, moi la Folie. Et , si vous ne m'en croyez pas sur parole, écoutez ce qu'il a écrit, ch. x : « J'ai laissé faire mon cœur afin de connaître la sagesse et la science, les erreurs et la Folie. » Et remarquez que s'il fait venir ici la Folie au dernier rang, c'est pour la mieux honorer ; il suit en cela les prescriptions de l'Ecclésiaste, qui veut que les premiers en dignité marchent toujours au dernier rang, selon le précepte rappelé par l'Évangile.

Maintenant, que la folie soit bien préférable à la sagesse, l'auteur de l'Ecclésiaste, quel qu'il soit, dans son chapitre xliv, n'en laisse pas de doute ; mais avant de vous citer le passage, il est nécessaire que je vous interroge et que vous me répondiez clairement, afin de m'aider par des déductions à tirer ma conséquence ; c'est la méthode de Platon quand il met Socrate aux prises avec ses interlocuteurs. Dites-moi donc que doit-on tenir sous clef, les objets rares et précieux ou les choses communes et sans prix ? — Vous ne dites mot, mais le proverbe grec répond pour vous : la cruche à la, porte. Que personne ne conteste, il y aurait sacrilège, c'est Aristote qui l'a dit, le maître des maîtres ! Y a-t-il parmi vous personne d'assez fou pour laisser sur le grand chemin son or et ses bijoux ? Je ne puis le croire. vous les renfermez dans le coin le plus caché de votre coffre-fort ; dans le lieu le plus secret de votre maison. Il n'y a que ce qui est destitué de toute valeur que vous laissiez à la merci des passants. Donc ce qui est précieux se cache et ce qui est sans valeur s'expose seul aux regards. Il est donc évident que notre auteur met la sagesse, qu'il veut qu'on montre, au-dessous de la folie, qu'il veut qu'on cache. Ses expressions du reste ne laissent aucun doute à cet égard : « Qui cache sa folie, dit l'Ecclésiaste, vaut mieux que qui cache sa sagesse. » Il y plus, l'Écriture accorde au fou la candeur d'âme qu'elle refuse au sage, puisque celui-ci ne consent pas à avoir d'égaux. C'est du moins en ce sens que j'interprète ce passage : Le fou, parce qu'il l'est, croit que tous ceux qu'il rencontre sur sa route sont fous comme lui. Quelle modestie, de voir des égaux dans tous les hommes, et de reconnaître chez eux, malgré l'amour-propre naturel à chaque individu, le même mérite qu'on a en soi !

Tout grand roi qu'était Salomon, il n'a pas rougi de dire : « Je suis le plus fou des hommes. » Et saint Paul, l'apôtre des gentils, dans son Épître aux Corinthiens, s'adjuge la même qualité : « Je parle comme un fou, dit-il, et le suis plus qu'un autre. » Il se fait évidemment un point d'honneur de n'avoir pas son égal en folie !

J'entends d'ici murmurer contre moi un tas d'hellénistes pédants qui voudraient étouffer les lumières éclatantes des théologiens sous les obscurités de leurs commentaires. Érasme, que je nomme souvent, parce que je l'estime tout particulièrement, me paraît être le lieutenant de la bande, sinon le capitaine. — Extravagante citation, ne manqueront-ils pas de s'écrier, elle est bien digne de la Folie ! L'apôtre n'a jamais pensé un mot de ce que vous rêvez sous son nom. Jamais il n'a entendu dire qu'il se considérait comme plus fou que les autres. Ils sont ministres du Christ et moi aussi, dit-il d'abord ; puis il ajoute à l'insuffisance de l'expression : « Même je le suis plus qu'eux, » comme ayant conscience non-seulement d'être égal, mais même supérieur aux autres apôtres. — Et pour ne pas scandaliser ceux qui trouveraient trop de présomption dans ses paroles, il s'excuse en prétextant la Folie : « Ce que je dis là n'est pas sage, » l'apôtre sait que les fous ont le privilège de tout dire sans offenser personne.

Disputez tant qu'il vous plaira sur ce passage, je vous laisse le champ libre ; pour moi, je m'en tiens à l'interprétation de nos tant grands, gros et gras théologiens, qui jouissent de la faveur publique et avec lesquels la plupart de nos docteurs aiment mieux se tromper que de penser juste avec les savants polyglottes. — Polyglottes, belle affaire, les perroquets peuvent l'être ! — Un de vos illustres théologiens, dont je tais le nom à dessein, de peur que quelqu'un de ces méchants critiques ne veuille lui appliquer le proverbe grec : l'âne à la lyre, a donné un commentaire parfaitement magistral et théologique du passage en question. D'abord de la phrase : « Ce que je dis n'est pas sage, je le suis plus qu'eux. » Il fait chapitre séparé. Puis ce qui exigeait un surcroît de dialectique, il fait une autre section, où il commente ainsi les paroles de Paul. Ce que je dis n'est pas sage... c'est-à-dire, si vous me trouvez fou de m'égaler aux faux apôtres, je vous le paraîtrai encore davantage en me préférant à eux. Et le docteur, sans plus s'inquiéter de son explication, passe deux lignes plus bas à une autre matière. Mais pourquoi m'en tenir à une seule autorité ? N'est-il pas à la connaissance de tout le monde que les théologiens ont le droit de distendre le ciel, c'est-à-dire les saintes Écritures, comme ils feraient d'une peau élastique ? Ainsi les textes sacrés offrent souvent dans les écrits de Paul des contradictions quand on les lit dans le livre cité. Et si l'on en croyait ce Jérôme, qui parlait cinq langues, notre apôtre, prêchant un jour aux Athéniens, dénatura une inscription qu'il avait vue, en passant, sur un autel au milieu de la ville, pour en tirer un argument en faveur de la foi chrétienne. Il en retrancha ce qui le gênait, et ne cita que les deux derniers mots, en les altérant légèrement toutefois. Il prétendait avoir lu : « Au Dieu inconnu », tandis que l'inscription ne portait rien moins que : « Aux dieux de l'Asie, de l'Europe et de l'Afrique, aux dieux inconnus et étrangers. » — C'est sans doute à son exemple que les initiés de la théologie ont pris l'habitude de détacher d'un auteur deux ou trois lambeaux dont ils torturent le sens pour l'accommoder à leurs besoins, et trop souvent l'autorité citée n'a rien dit de pareil, ou même a dit tout le contraire.

Cette impertinente méthode réussit si bien aux théologiens que les jurisconsultes en ont pris jalousie.

Et il y a de quoi vraiment ! Que ne peut-on hasarder en effet après cet illustre, (dont je tais le nom, toujours en souvenir du proverbe grec), qui tire d'un passage de Luc un sens qui s'accorde avec l'esprit de Jésus comme le feu avec l'eau. Dans une de ces circonstances critiques où les bons clients se pressent autour de leurs patrons et unissent leurs bras pour sa défense, le Christ voulut élever l'âme de ses disciples au-dessus de la confiance qu'ils avaient dans les secours humains. Il leur demanda si quelque chose leur avait fait défaut depuis qu'il les avait envoyés annoncer l'Évangile, sans aucun, viatique, sans chaussures pour garantir leurs pieds des pierres et des ronces, et sans provisions contre la faim. Sur leur réponse négative, il leur dit : « Maintenant, que celui qui a un sac ou une bourse la laissé là, et, faute de mieux, qu'il vende sa tunique pour acheter une épée. » - Comme toute sa doctrine est fondée sur la douceur, la tolérance et le mépris de la vie, il est facile de comprendre ce que Jésus a voulu dire dans ce passage. — Il apprend à ses disciples à se dépouiller non-seulement de la besace et de la bourse, mais même de leurs vêtements, pour entrer nus et libres de tous biens dans leur charge apostolique et armés seulement du glaive ; Mais par glaive il entend non point l'arme des brigands et des parricides, mais ce glaive spirituel qui fouille si profondément les cœurs, qu'il coupe à sa racine toute passion, pour n'y laisser fleurir que la piété.

Voyez maintenant de quelle façon l'illustre théologien dont nous parlons torture ce texte. Dans le glaive, il voit le droit de se défendre ; contre les persécutions ; dans la besace, une bonne provision de vivres. De sorte qu'il admet que le Christ, changeant tout à coup d'opinion à l'aspect de l'équipage peu royal de ses ambassadeurs, se prit à chanter la palinodie de ce qu'il avait jusque-là enseigné. Il admet que le Christ a oublié qu'il avait dit auparavant à ses apôtres ; « Votre béatitude sera le prix des affronts, des outrages et des supplices ; mon royaume sera le partage des hommes doux et non des superbes. » Mais alors il doit forcément admettre encore que le Christ a oublié qu'il avait cité à ses disciples l'exemple du lis et des oiseaux, pour leur apprendre à compter sur la Providence, et qu'il s'est formellement contredit en leur recommandant de s'armer pour le départ, et de s'en aller plutôt sans vêtements que sans épée. Selon notre docteur, le glaive signifie toute arme défensive, et la bourse tout ce qui est nécessaire aux besoins de la vie. Ainsi, ce commentateur, visiblement inspiré de l'esprit divin, n'envoie prêcher le Dieu crucifié, par les apôtres, qu'après les avoir préalablement munis de lances, de balistes et de bombardes ! Il les charge encore de bagages, de malles et de provisions, afin qu'ils ne quittent pas l'hôtellerie sans avoir bien dîné ! — Eh, bonhomme ! tu ne songes donc pas que cette épée que tu fais acheter à tout prix aux apôtres, Jésus en a blâmé l'usage et a prescrit de la remettre au fourreau ? Tu ignores donc que jamais apôtre n'a employé l'épée ni le bouclier pour résister aux païens, ce qui serait sûrement arrivé si le maître avait eu les intentions que lui donne ton commentaire ! »

Un autre docteur, dont je tairai aussi le nom par respect, dans la phrase d'Habacuc : « Les tentes de peau des Madianites seront en confusion, » a découvert qu'il s'agissait tout juste de la peau de saint Barthélemy, qui, comme chacun sait, fut écorché vif.

Dernièrement, j'honorais de ma présence une thèse de théologie ; cela m'arrive fort souvent. Quelqu'un demanda quel était le texte de l'Écriture qui ordonnait de brûler les hérétiques au lieu de les convertir par la persuasion. Un vieillard, dont l'air farouche suffisait pour dénoncer un théologien, répondit avec véhémence que le précepte se trouvait dans Paul, à l'endroit où il dit : « Hœreticum hominem post unam et alteram correptionem devita. » (Évitez l'hérétique après l'avoir repris une ou deux fois.) » Il répéta cette phrase coup sur coup du même ton furieux, à ce point que l'assemblée se demandait s'il ne perdait pas la tête ; lorsqu'il donna son explication « Hœreticum de vita, dit-il. (Il faut retrancher l'hérétique de la vie !) Quelques-uns éclatèrent de rire, d'autres trouvèrent l'argument de tout point théologique ; certains enfin ne se rendirent pas à cette preuve, qui leur parut insuffisante. « Écoutez donc alors, s'écria 1'orateur, il est écrit : « Maleficum ne patiaris vivere. - (Ne laissez pas vivre le malfaisant.) Or, tout hérétique est malfaisant, « ergo... » Tout l'auditoire tomba ébahi devant ce trait de génie, et approuva sans restriction cet argument lumineux. Mais il ne vint à l'esprit d'aucun de ces rustres que cette loi avait été faite pour les sorciers, les enchanteurs et les devins, tous gens que l'hébreu désigne par le même mot qui veut dire malfaisant. Sans quoi, pour être conséquent, il faudrait aussi brûler les ivrognes et les fornicateurs.

Mais vraiment je suis folle de m'arrêter à ces sottises, qui rempliraient plus de volumes que n'en ont jamais barbouillé les Chrysippe et les Didyme. Je voulais seulement vous dire que, puisque les maîtres en théologie prenaient de telles licences, il m'était bien permis, à moi théologien de hasard, de manquer quelque peu à l'exactitude de mes citations. — J'en reviens donc à Paul, bien qu'après quelques détours. — « Vous accueillez volontiers les fous, » dit-il en parlant de lui-même. Il ajoute ensuite : « Recevez-moi à ce titre. » « Je ne parle pas selon Dieu, continue-t-il, mais selon la folie. » Et plus bas : « Nous autres nous sommes fous à cause du Christ. » Quelles louanges pour moi, et de quelle bouche elles sortent ! Mais il y a plus, l'Apôtre recommande la folie en termes explicites comme le meilleur chemin pour faire son salut : « Que celui d'entre vous, dit-il, qui se croit sage embrasse la folie, pour trouver la vraie sagesse. » — Est-ce que, dans Luc, Jésus n'appelle pas fous les deux disciples qu'il rencontre sur le chemin d'Emmaüs ? — Ce qui paraîtra plus étonnant peut-être, c'est que Paul place la Folie parmi les attributs de Dieu même, car il a écrit : « Il y a plus de sagesse dans la folie de Dieu que dans toute la sapience humaine. » Il est vrai qu'Origène dans son commentaire prétend qu'il ne faut pas donner à cette folie le sens ordinaire du mot, non plus que dans cette autre phrase : « Le mystère de la croix est une folie pour ceux qui périssent. » Mais à quoi bon tant de témoignages ? Dans les psaumes, le Christ ne dit-il pas à son père : « Tu connais ma folie ! »

Il y a donc tout lieu de croire que Dieu a d'excellentes raisons pour aimer les fous ; ce senti les mêmes sans doute qui rendent suspects. aux princes de la terre les gens trop sensés. César, qui méprisait cet ivrogne, d'Antoine, redoutait au contraire Brutus et Cassius. Sénèque déplaisait à Néron et Platon à Denys de Syracuse. Les esprits simples et un tantinet idiots sont honorés de la faveur des grands. C'est ainsi que le Christ montre son aversion pour ces philosophes qui ont foi en leur sagesse et qu'il les condamne. J'en prends encore ici Paul à témoin, lorsqu'il écrit : « Dieu a choisi ce qu'il y a de plus fou aux yeux du monde… » » et plus loin : « … Dieu a voulu que le monde fût sauvé. par la

Folie. » Assurément c'est qu'il ne pouvait le faire par la sagesse. Ce qu'il met dans la bouche de son prophète ne laisse aucun doute à cet égard : Je perdrai la sagesse des sages et je réprouverai la prudence des prudents. » Le Sauveur ne se félicite-t-il pas en définitive d'avoir caché le mystère du salut aux sages pour ne le révéler qu'aux simples, c'est-à-dire aux fous, car enfin un même mot exprime les deux choses. C'est de la même idée qu'il faut faire procéder l'indignation qu'il déploie à chaque instant contre les pharisiens, les scribes et les docteurs de la loi, et la douceur qu'il montre au contraire au peuple ignorant : « Malheur à vous, scribes et pharisiens ! » — n'est-ce pas comme s'ils avait dit : Malheur aux sages ! Les petits enfants, les femmes, les pêcheurs, voilà ceux qu'il accueillait avec amour !

Les animaux qui lui plaisent le mieux sont ceux qui s'éloignent le plus du naturel astucieux du renard. Il prit un âne pour monture, lui qui pouvait sans danger se confier aux lions féroces. Le Saint-Esprit ne descendit point sous la forme d'un aigle ou d'un épervier, mais bien sous celle d'une colombe. À chaque page des livres saints, il est question de la biche, du faon ou de l'agneau. N'oubliez pas que Jésus appelle ses élus ses brebis, et que de tous les animaux c'est sans contredit l'espèce la plus sotte. Caractère de brebis, dit Aristote, à cause de la stupidité inhérente à ces animaux, est devenu une injure grave. Tel est pourtant le troupeau dont Jésus se déclare le pasteur. À lui-même le nom d'agneau lui plaît plus que tout autre. « Voici l'agneau de Dieu, disait Jean en l'annonçant au peuple, et le mot se répète souvent dans l'Apocalypse. — Tout cela signifie que les hommes sont fous, sans en excepter les plus saints, et que Jésus lui-même a droit à ce nom, puisque la sagesse de Dieu était en lui, et qu'en se faisant homme il endossa la folie inhérente à notre nature, comme il s'est chargé du péché pour y porter remède. Ce remède, ou le trouve-t-il ? Dans la folie de la croix ; dans les apôtres, gens épais et simples, à qui il recommande avec soin de fuir la sagesse et de rechercher la folie, lorsqu'il leur donne en exemple les enfants, les lis, le sénevé, les petits oiseaux, toutes espèces d'êtres qui végètent sans âme, au gré de la nature, privées de prévoyance, d'intelligence, de soucis... C'est encore la même pensée qui le guide lorsqu'il leur recommande de ne pas s'inquiéter comment ils pourront répondre à l'interrogation des magistrats, d'abdiquer toute prévoyance de l' avenir, et de n'avoir aucune foi en leur propre sagesse pour se reposer de tout sur lui. Le créateur avait aussi les mêmes motifs lorsqu'il défendit à nos premiers parents de toucher à l'arbre de la science, prouvant par là que la science devait empoisonner à jamais le bonheur. Paul n'hésite pas à la réprouver comme une source d'orgueil et de misères ; et sans doute c'est d'après les mêmes idées que saint Bernard appelle montagne de science celle que Satan a choisie pour sa demeure.

Mais voici un argument qui n'est pas à dédaigner. Il faut évidemment que la Folie jouisse d'une grande faveur près des immortels, puisqu'on lui remet tous les jours des fautes pour lesquelles la sagesse ne trouve pas grâce. Un sage a-t-il fait quelque sottise, vite, il allègue la Folie pour obtenir pardon, et se réfugie sous ma protection. C'est ainsi qu'Aaron, si j'ai bonne mémoire, dans le livre des Nombres, implore la grâce de sa femme en disant : « Daignez, Seigneur, ne pas nous imputer une faute que nous n'avons commise que par folie ; » et Saül ne trouve pas de meilleure excuse près de David que d'alléguer : « Il est facile de voir que j'ai agi comme un fou. » Et David à son tour : « Je vous en conjure, Seigneur, ne tenez pas compte de cette iniquité, c'est la folie qui m'inspirait. » Vous le voyez, tous prétextent de folie et d'ignorance pour obtenir pardon.

Un autre argument d'un poids immense, ce sont les paroles de Jésus-Christ priant sur la croix pour ses ennemis. Il ne trouve rien de mieux pour les excuser que d'attribuer leur crime à leur sottise : « Mon père, dit-il, pardonnez-leur, car ils ne savent ce qu'ils font. » Paul écrivait dans le même sens à Timothée : « J'ai obtenu miséricorde devant Dieu, parce que mon incrédulité était l'effet de mon ignorance. » De son ignorance, c'est-à-dire de sa folie et non de sa méchanceté, et c'est bien à la Folie qu'il rapporte la miséricorde qu'il obtient. Un passage du Psalmiste, qui m'a échappé en son lieu et place, milité encore en ma faveur : « Ne vous souvenez pas des fautes de ma jeunesse, Seigneur, oubliez mes ignorances. » Il met, vous le voyez, deux choses en avant, d'abord sa jeunesse, cet âge dont je suis la compagne fidèle, et ensuite ses ignorances, termes énergiques qui englobent toutes espèces de folie.

Pour ne pas nous perdre dans les nuages, disons en bloc que le christianisme semble avoir une espèce d'affinité avec la folie, et répugner à la sagesse. Vous en faut-il des preuves ? Voyez les enfants, les vieillards, les femmes et les imbéciles, personne ne goûte mieux qu'eux les choses religieuses ; l'impulsion seule de leur nature les amène au pied des autels. Les fondateurs de l'Église ne furent-ils pas des gens d'une extrême simplicité, ennemis déclarés de la science ? De fous, il n'en est certainement pas de plus complets sur la terre que les chrétiens absorbés dans leur prière. On les voit négliger leur patrimoine, oublier les injures, se laisser tromper sans se plaindre, ne pas distinguer amis et ennemis, abhorrer le plaisir, se soûler d'abstinences, de veilles, de larmes, de privations et désirer la mort. On dirait en un mot qu'ils sont étrangers eu sens commun, comme si leur âme existait hors de leur corps ! N'est-ce pas là de la folie ? Il n'y a donc pas lieu de s'étonner qu'on prit un jour ses apôtres pour des hommes ivres et que le juge Festus estime que Paul battait la campagne.— Puisque j'ai endossé mon harnais de guerre, je veux aller jusqu'au bout et vous démontrer que cette félicité que les chrétiens veulent conquérir au prix de tant de sacrifices n'est au fond qu'un autre genre d'extravagance. Vous excuserez les mots en faveur de le chose !

Les chrétiens et les platoniciens sont d'accord pour reconnaître que l'âme, dans les liens du corps, est enveloppée d'une obscurité qui ne lui permet ni de voir ni de posséder la vérité. Platon définit la philosophie, la méditation de la mort, car la philosophie comme la mort détache du monde matériel. Tant que l'âme fait bon usage des organes du corps, l'homme est réputé près de tous jouir de son bon sens : mais si, brisant ses fers, elle cherche la liberté et déserte sa prison, l'homme est fou. À cet égard, le doute même n'est plus permis lorsque cette séparation est le résultait d'une maladie ou du dérangement des organes. Ce sont cependant les fous de cette espèce qui prédisent l'avenir, parlent des langues et des littératures qu'ils n'ont jamais apprises, et revêtent les caractères de l'inspiration divine. Certes, tout cela n'arrive que parce que l'âme, affranchie des biens du corps, retrouve ses vertus premières. La même cause produit des effets identiques chez les mourants : le souffle divin semble inspirer leurs dernières paroles. L'exaltation de la piété agit dans le même sens ; ce n'est pas, si vous le voulez, le même genre de folie ; mais c'est quelque chose de si voisin, que les trois quarts des hommes ne feront pas la distinction ; surtout quand ils verront cette folie frapper spécialement quelques pauvres sires qui vivent tout à fait en dehors de la société. Les uns et les autres réalisent alors la fiction de l'antre de Platon. Ce philosophe suppose des captifs retenus au fond d'un antre, où, il ne se présente à leurs yeux que des ombres. L'un d'eux s'échappe ; à son retour, il leur dit qu'il a vu des choses réelles, et que pour eux ils ne sont que dupes d'une pure illusion. — Le sage a pitié des fous et déplore l'erreur qui les fascine ; les fous regardent la sagesse comme du délire et l'envoient promener. Des mondains aux dévots, voici la différence : les premiers, absorbés dans la matière, ne voient rien au delà ; les seconds, détachés complètement de la terre, s'absorbent dans la contemplation des choses spirituelles. Les uns songent avant tout aux richesses et à leur bien-être ; le soin de leur âme ne vient qu'après, quand ils y croient, bien entendu, car faute de la voir, la plupart la mettent en doute. Les autres tendent de toutes leurs aspirations vers Dieu, l'être simple par excellence ; et après Dieu, pour l'amour de Dieu encore, c'est l'âme, son reflet, qui concentre toute leur sollicitude ; quant au corps, ils ne s'en retournent pas, et l'argent leur semble chose immonde qu'ils méprisent. S'ils sont forcés de s'en occuper, ils ont comme s'ils n'avaient pas ; ils possèdent comme s'ils ne possédaient pas. — Même différence se retrouve entre eux dans toutes les choses de la vie.

Tous nos sens tiennent au corps, quelques-uns de fort près même, tels sont : le toucher, l'ouïe, la vue, l'odorat et le goût. D'autres, comme la mémoire, l'entendement et la volonté, sont plus indépendants du physique. Selon que l'âme s'attache plus aux uns qu'aux autres, elle est plus prépondérante. Les dévots, qui cultivent de toute la vigueur de leur âme les facultés les plus subtiles, s'absorbent si bien en elles, qu'ils deviennent étrangers au monde extérieur ; les mondains font la contrepartie, et négligent d'autant plus celles-là qu'ils s'attachent plus aux autres. C'est ainsi qu'on raconte de quelques saints personnages qu'ils burent, sans s'en apercevoir, de l'huile pour du vin.

Parmi les affections de l'âme, il en est qui sont, pour ainsi dire, toutes corporelles, la luxure, la gourmandise, la paresse, la colère, l'orgueil, l'envie. À celles-là, les dévots font une guerre acharnée ; le commun des mortels croirait la vie impossible sans elles. Ensuite, il y a les affections saintes, qui semblent inspirées par la nature elle-même, comme l'amour de la patrie, l'amour paternel, l'amour filial, l'amitié. Le vulgum pecus y est facilement accessible. Les dévots au contraire mettent tous leurs soins à les déraciner de leurs cœurs ou plutôt à les spiritualiser de telle façon que, par exemple, ils n'aimeront pas leur père comme père, car à ce titre ils ne lui doivent que la vie physique, qu'ils ont reçue au moins autant du créateur que de lui ; ils l'aimeront parce que c'est un excellent homme, dans lequel ils retrouvent une étincelle de l'intelligence divine, qui seule est le bien suprême, hors duquel il n'y a rien à aimer ou à désirer. Leur règle de conduite consiste sinon à méprise les choses visibles, du moins à ne faire cas que de celles qu'ils ne voient pas. Dans les sacrements comme dans les autres devoirs de piété, ils distinguent soigneusement ce qui est de l'âme et ce qui est du corps. S'abstenir de viande et aller coucher sans souper, voila un jeûne complet selon le peuple. Le dévot ne lui accorde aucune valeur, si l'on n'a refréné ses passions, réprimé sa colère et son orgueil, si en un mot l'âme, se déchargeant en partie du fardeau corporel, ne s'est élancée vers le ciel pour en connaître et en goûter les délices. Ils raisonnent de même à l'égard de la messe ; les cérémonies, selon eux, ne sont pas à dédaigner, mais, en elles-mêmes, elles ne sont qu'inutiles ou nuisibles si l'on ne se pénètre de l'esprit des choses cachées sous les symboles. Le sacrifice de l'autel est la représentation de la mort de Jésus-Christ, les chrétiens doivent la reproduire dans leur cœur, en crucifiant, en ensevelissant, pour ainsi dire, leurs passions, afin de ressusciter à une vie nouvelle et de ne faire qu'un avec le Sauveur, comme l'Eucharistie ne fait qu'un avec lui. Voilà la conduite, voilà les méditations des dévots.

Pour le vulgaire, prendre part à la messe, c'est être au pied des autels, le plus près possible de l'officiant, entendre les oremus des prêtres, et rester spectateur de leurs cérémonies. Ce n'est pas seulement dans ces circonstances, que nous ne donnons que comme exemples, mais dans sa vie tout entière, que le dévot oublie son corps pour s'élever aux choses éternelles, invisibles et spirituelles. — Que résulte-t-il de cette différence d'opinions entre l'homme de la terre et l'homme du ciel ? qu'ils. se taxent mutuellement de folie. — Je dois vous dire cependant que, selon moi, la folie me semble tout entière du côté de nos pieux personnages. Et vous en conviendrez certainement si, tenant ma promesse, je vous prouve que ce souverain bien auquel ils aspirent n'est autre qu'un certain état de folie. Je vais vous développer à peu près cette idée de Platon que la folie des amants est la plus douce des félicités. — Celui qui aime avec transport ne vit plus pour ainsi dire en soi, il vit dans l'objet de son amour, et plus il se détache de lui-même pour s'identifier avec cet objet, plus son bonheur est parfait. Nous l'avons dit déjà, lorsque l'âme devient étrangère au corps, c'est un signe de folie, car que signifieraient sans cela les expressions proverbiales : il est hors de lui, … revenez à vous, … il est revenu a lui. Or, s'il est vrai que plus l'amour est parfait, plus grande est la folie et plus complet le bonheur, vous voyez en quoi consiste cette félicité céleste après laquelle les dévots soupirent de toute leur ardeur. Chez eux l'esprit tout-puissant et victorieux absorbera le corps ; et cela d'autant plus facilement que ce corps aura déjà été préparé à cette transformation par la pénitence. L'esprit à son tour sera absorbé par l'âme suprême et toute-puissante. De sorte que l'homme tout entier sera hors de lui et qu'il ne sera heureux que parce qu'il trouve un plaisir ineffable à se fondre dans ce souverain bien qui attire à lui toutes choses.

Cette félicité, il est vrai, ne sera parfaite que dès l'instant où l'âme et le corps réunis jouiront ensemble de l'immortalité. Cependant comme l'existence des dévots, toute consacrée à la méditation de cette vie céleste, en est une image sur la terre, ils ont comme un avant-goût, une jouissance anticipée du bonheur éternel. Ce n'est la qu'une goutte en comparaison de la source immense de la félicité divine, mais cette goutte, dans sa médiocrité, vaut mieux que toutes les délices humaines ensemble ; tant les délices spirituelles surpassent celles des sens ! tant les biens invisibles sont au-dessus des biens du monde ! C'est la le bonheur qu'annonçait le prophète aux élus lorsqu'il a dit : « Pas d'œil qui ait jamais vu, pas d'oreille qui ait jamais entendu, pas de cœur qui ait senti les plaisirs que le Seigneur réserve à ceux qu'il aime. » La vie des dévots est donc une espèce de folie qui, loin de leur être enlevée par la mort, arrive par elle à sa perfection. Peu de mortels l'ont ici-bas en partage ; il est facile de les connaître à leur aspect particulier ; leurs discours manquent de suite, leur voix étrange dit des paroles vides de sens, et leur physionomie change à chaque instant ; tour à tour, on les voit joyeux et abattus ; ils pleurent, rient, soupirent en un instant ; en un mot, ils sont hors d'eux-mêmes. Revenus à eux, ils ne savent pas d'où ils viennent ; étaient-ils dans leur corps ou l'avaient-ils quitté ? Ont-ils dormi ? ont-ils veillé ? Qu'ont-ils vu ! qu'ont-ils entendu ? qu'ont-ils dit ? qu'ont-ils fait ? ils n'en ont qu'un vague souvenir ; tout ce qu'ils peuvent affirmer, c'est qu'ils étaient parfaitement heureux dans leur délire, qu'ils sont désolés d'être rendus à leur bon sens et désireraient rester toujours dans une pareille extase. — Tel est ce léger avant-goût du bonheur éternel.

Mais je passe les bornes et il faut en finir. Si vous trouvez que j'ai déraisonné ou trop causé, rappelez-vous que je suis la Folie, et femme qui pis est. Souvenez-vous aussi du proverbe grec :

Un fou quelquefois parle avec sens et raison.

À moins que vous ne pensiez pas que ce dicton puisse s'appliquer à mon sexe.

Vous vous attendez à une conclusion, je le vois bien. Triples fous que vous êtes ! Croyez-vous donc que je me souviens d'un seul mot du pot-pourri que je viens de vous débiter ? — Les anciens disaient : « Je hais un convive qui a trop bonne mémoire. » Et moi, je vous dis : Je hais un auditeur qui se souvient de tout. Adieu donc, applaudissez, vivez en joie, et buvez sec, illustres adeptes de la Folie !

ISBN 9791029907999

www.ingramcontent.com/pod-product-compliance
Lightning Source LLC
LaVergne TN
LVHW101915190826
846094LV00002B/16

* 9 7 9 1 0 2 9 9 0 7 9 9 9 *